working woman's pregnancy

ワーキングウーマンのための出産ガイド

ヒラリー・ボイド

監修(医療)：医学博士リチャード・ポーター
監修(法律)：ケイティ・ウッド
日本語版監修：岡本喜代子　小野川晶子
翻訳：今井 由美子

Working Woman's Pregnancy
Hilary Boyd

Published in 2001 by Mitchell Beazley,
an imprint of Octopus Publishing Group Ltd,
2–4 Heron Quays, London, E14 4JP

Text copyright © Octopus Publishing Group Ltd
Design copyright © Octopus Publishing Group Ltd

本書の一部または全部を、無断でいかなる形式、手段であれ、電子的、機械的に複写・複製すること、ならびにコンピューター上の記憶、検索装置に取り込むことは、かたくお断りいたします。

注意：健康状態に何らかの問題がある方は、本書に書かれているエクササイズやアドバイスを実行する前に、医師に相談されることをおすすめします。本書の内容に従った結果、いかなるケガや損害があっても当社は責任を持てませんので、予めご了承ください。

Printed and bound in China

目次

- 6 **働く女性と妊娠**
  - 8 妊娠のタイミングとケア
  - 10 詳細な計画
  - 12 健康第一、仕事は第二
  - 14 経済面の計画
  - 16 医療サービス
  - 18 薬と栄養剤

- 20 **妊娠の経過**
  - 22 1～7週
  - 26 検査結果を読む
  - 28 8～12週
  - 32 ストレスを減らす
  - 34 13～16週
  - 38 17～21週
  - 42 22～27週
  - 46 妊娠中の性生活
  - 48 28～30週
  - 52 31～33週
  - 56 34～36週
  - 60 出産場所を選ぶ
  - 62 37～40週
  - 66 分娩の経過

- 68 **安全に働く**
  - 70 職場の危険
  - 72 オフィス
  - 74 研究所
  - 75 病院
  - 76 学校
  - 78 軽作業
  - 80 レストランとカフェ
  - 82 農業・畜産業
  - 83 園芸業
  - 84 旅行業

- 86 **妊産婦と法律**
  - 88 妊産婦の権利
  - 90 企業の福利厚生制度
  - 92 その他の法的権利
  - 94 年金と補足給付
  - 96 産休に入る時期
  - 98 妊産婦の病欠
  - 100 未熟児が生まれたら
  - 102 父親休暇

- 104 **家庭で**
  - 106 産後のケア
  - 108 出産の心理的影響
  - 110 孤独を感じたら
  - 112 支援グループと団体
  - 114 睡眠の重要性
  - 116 産後の妊娠
  - 118 母乳育児
  - 120 おむつ
  - 122 育児協力者
  - 124 きょうだいのケア

- 126 **仕事復帰**
  - 128 復帰を迷うとき
  - 130 復職する気がなくなったら
  - 132 スムーズな復帰のために
  - 134 様々な保育形態
  - 136 保育者選び
  - 138 復帰前の最終チェック
  - 140 ついに復帰
  - 142 ワーキングマザーの罪悪感
  - 144 フレキシブルな働き方
  - 146 パートタイム
  - 148 ワークシェアリング
  - 150 在宅ワーク
  - 152 育児休暇
  - 154 パートナーとの時間

- 156 用語解説
- 157 相談窓口・支援団体
- 158 索引

出産は、あなたにとって、もっとも刺激的なできごととなるでしょうし、妊娠とは、周囲の人々と楽しみ、喜びを分かち合える過程になるはずです。初めて胎動を感じたとき、そして初めて超音波映像で小さな赤ちゃんの姿を目にした瞬間の感動は、いつまでも忘れられないことでしょう。

　女性が妊娠を恥じらう時代は終わりました。今では、女性は膨らんだお腹をあえて隠すこともなく、自らの妊娠・出産体験をオープンに語り、男性が積極的に子育てにかかわることを期待します。しかし、妊娠したことによって、多くの女性が一線を退くことに甘んじている領域があります。それが、職場です。現在では妊娠中も出産後も仕事を続ける女性の割合が非常に高くなっているのに、未だに仕事をもつ女性にとって、妊娠はマイナス要因としてとらえられているのが現状です。この本を読んで、妊娠と仕事の両方を心から楽しむことができるように、あなた自身の考え方を変えていただければと思います。またこの本を読めば、妊娠中という特別の期間に自分自身を最優先させるための自信をつけることができるはずです。

　妊婦の権利を知り、入念な計画の立て方を学べば、妊婦の定期健診や母親学級、超音波検査、ベビー用品の購入から自分自身の健康管理まで、妊娠に伴うすべての予定をあなたの仕事のスケジュールにうまく組み込むことができるでしょう。

　また本書では、出産休暇という問題を取り上げ、職場に復帰するか、それとも母親専業になるかという難しい選択について論じていきます。少し前まで、子育ての負担はすべて母親の肩にかかっていました。しかし時代は変わり、子育て中の家庭を支援する社会になりつつあります。このような社会の変化によって、子どもをもつ女性の働き方も以前とは異なり、スーパーウーマンにならなくとも家庭生活と仕事を両立していけるようになりました。

　21世紀に生きるあなたは、ご自分のワーキングライフという枠の中で、楽しく健康的なマタニティライフを送ることができるはずです。「妊娠」を、とことん楽しんでしまいましょう。

働く女性と妊娠

妊娠のタイミングとケア

たとえ思いがけない妊娠でも、赤ちゃんは求められ、愛されて生まれてくることには変わりありません。しかし今日では、確率の高い避妊法のおかげで、子どもをもうけようと決心してから妊娠に望むカップルが多いでしょう。そうすれば各家庭の住宅、経済事情に合わせることができますし、カップルから子どものいる生活へもっともスムーズに移行する方法を考えることができます。

妊娠のタイミングは、計画的であるに越したことはありませんし、仕事によっては、1年のうちのある特定の時期に出産するよう調整できると好都合です。例えば、教師なら夏休みの始まりに出産を迎えられればベストです。しかし、赤ちゃんは自分の選んだタイミングで姿を現すもの。もし妊娠を望んでいる時期に合わせて仕事を調整しても、望むタイミングぴったりに赤ちゃんができなかったら自らを不必要なストレスにさらすことになってしまいます。また、妊娠・出産をあまり先送りにすべきではありません。なぜなら、年を重ねるに連れ子どもが授かりにくくなるため、後悔することになるかもしれないからです。

経済的な面でも、妊娠のタイミングは大切です。つまり、経済的にもっとも有利になるように、タイミングを計るのです。例えば、あらかじめ出産・育児費を積み立てておいたり、産休が延長できる権利を得るために、就職して6ヶ月以上経ってから妊娠するよう計画したりするわけです。出産・育児に時間を取られる前に、昇進しておこうと考える方もいるでしょう。

しかし、綿密な計画を立てておいたにもかかわらず、思いがけない妊娠に気付いた場合。そんなときも、決して慌てないでください。出産までの9ヶ月間は、様々な物事を整理するのに充分な時間です。計画的な妊娠の場合よりも、仕事や金銭面についての決断を早めればすむことです。とりわけ働く女性の場合、もっとも重要なのは、妊娠に気付いたら、すぐに仕事と家庭の両面で、周囲の人の協力を仰ぐことです。妊娠とは労力のいる仕事ですが、周囲の人のサポートがあり、入念に計画を立てれば、産休に入るまでの間、快適に仕事を続けることができるでしょう。

> **栄養バランスを考える**
> 妊娠に気付いた途端に2人分食べる必要はありません。自分は普段から栄養バランスの取れた食事をしているという自信があるなら、これからはあなただけでなく、赤ちゃんにも必要な栄養が供給されるはずです。次に、妊娠中に積極的に取りたい食品と、避けたい食品をいくつか挙げてみます。
> - 食物繊維が豊富で、脂質と糖分の低い食品をたっぷり取りましょう。例えば、全粒粉のパン、パスタ、米など。
> - 赤身の肉、魚、卵、豆類で、タンパク質を取ります。
> - 新鮮な野菜や果物を、1日に少なくとも5皿は取りましょう。
> - お酒とジャンク・フードを避けます。

妊娠中のスケジュール

定期健診や検査など、妊娠中のスケジュールを表にまとめました。妊娠の各段階でしたほうがよいと思われることも、アドバイスとして載せました。P.20～65の「妊娠の経過」で、さらに詳しく説明してありますので、そちらもご覧ください。

1～7週
- 妊娠の可能性があるならすぐに産科医か助産婦を訪ねる。
- 会社の妊産婦に関する就業規定を確認する。
- 禁煙し、飲酒を控える。
- 風疹の抗体価をチェックする。
- "FW8"(注1)を申請する。これを申請すれば、妊娠中と産後1年間、無料で、処方薬が受け取れ、歯科検診が受けられる。

8～12週
- 会社に妊娠を知らせ、いつから産休を取得したいと考えているか伝える。
- つわりに備え、低脂肪の軽食を用意しておく。
- 助産婦か一般医のもとで最初の定期健診を受ける。
- 妊婦用のブラジャーを購入。
- 勧められた場合(注2)は出生前診断として、胎児の、後頸部の超音波検査を受ける(絨毛採取による検査も勧められる場合(注2)がある)。

13～16週
- 定期健診の際に、仕事をいつまで続けるか伝える。
- 母体血清マーカー検査や羊水穿刺を勧められる場合がある(注2)。

17～21週
- どのようなベビー用品があるのか情報を集める。
- 妊娠の異常を発見するために、初めての超音波検査を受ける。
- まだ初めてない場合は、骨盤底筋のエクササイズを始める。
- 職場のムードに合うマタニティウェアを購入。
- バース(出産)プランを立てる。

22～27週
- 残業をやめる。
- 妊婦の労働についての法律を学ぶ。
- 食生活を見直す。
- 特定の運動を毎日続ける
- 26週になったら、雇用主に提出する書類"MAT B1"(注3)を入手する。

28～30週
- 29週から産休を取得できる。
- 家事はほどほどにし、決して無理をしない。
- このころから定期健診の間隔が短くなる。
- リラクセーションの方法を学ぶ。

31～33週
- 仕事の引継ぎ準備をする。
- 母親学級が始まる。
- 飛行機での移動を避ける。どのような乗り物であろうと、長距離の旅行を控える。
- 赤ちゃんの部屋を準備する。
- 自宅を中心とした生活に慣れる。

34～36週
- まだ仕事を続けている場合は、いつから休暇を取るか考える。雇用主には、休暇を取る21日前に予告しなければならない。
- 入院する際に持参するものをバッグに入れて用意しておく。
- パートナーに積極的にかかわってもらうために、出産に対する彼の気持ちを確かめておく。

37～40週
- 定期健診が週に1度になる。
- 軽い運動を続け、身軽に動ける状態を保つ。
- のんびりと、きままに過ごすようにする。

注1 日本では妊娠届出により母子手帳と2回分の無料健診票(「一般健康診査受診票」)が発行される。
注2 日本では倫理的に勧めないのが一般的。必要であれば、本人の希望により行うことはある。
注3 日本では「母性健康管理指導事項連絡カード」

詳細な計画

あなたの妊娠が計画どおりでも、また突然のできごとでも、妊娠に気付いたらすぐに赤ちゃん誕生に向けての準備を始めねばなりません。新しい命を誕生させることは大きな喜びであり、また何にもかえがたい女性の特権です。出産によって、あなたの人生は変わるでしょう。

妊娠とは、ひっそりと進行するものではなく、またそうさせるべきではありません。しかし、大多数の職場は未だに男性中心社会であるため、多くの女性は自らの妊娠に動揺し、また妊娠という仕事面でのマイナス要因を受け入れることに抵抗を感じます。しかし、あなたと赤ちゃんを、仕事よりも優先させなければいけません。心の準備ができていれば、慌てたり、妊娠していることを隠したりしなくても済むはずです。準備することが、あなた自身と、周囲の人々のために必要です。

働く女性は、現在の職場環境が妊娠中の体に適切かどうか、よく確かめる必要があります。この点に関しては、後ほどさらに詳しく述べますが、様々な計画を立てる前に、あなたの職場で母体と胎児が有害物にさらされる危険性がないかどうかチェックしましょう。

環境における有害物質
溶剤、放射線、劇物、細胞毒性薬、タバコの煙、炭素酸化物、水銀、鉛、動物が媒介するトキソプラズマ症のような感染症。

肉体的、精神的ストレス
体力を激しく消耗する仕事でないか、よく考えましょう。例えば、激しく体を動かす、重いものを持ち上げる、長時間立ったままの仕事ではありませんか？ また、高温や騒音、長時間労働、危険な機械の操作は避けなければなりません。これらはすべて、精神的なストレスに結びつきます。会社は、妊娠中の従業員のために危険度を査定し、必要な保護措置を取ることになっています。しかし、会社側の対応が悪かったり、まったく無視されていると感じたら、かかりつけの医師や衛生安全委員会の事務局に相談しましょう。(参照 →P.112)

理解のない職場のムード
職場の人たちがあなたの妊娠に理解を示してくれなかったら、あなたは、自分に与えられている権利を実感できないかもしれません。法的には、妊娠していても出産の週まで仕事を続けられる権利があり、定期健診や母親学級のために仕事を休むことが許可されています。困った事があれば、思い切って雇用主に相談してみましょう。同僚たちの無理解な態度は、あなたの状況がよくわからないことが理由なのかもしれません。

まず立てるべき計画
妊娠がわかったら、会社側に伝えるべきことが多くあります。

- 出産予定日（右ページを参照）を見積もる。
- 医師や助産婦に妊娠中のケアについて質問する。定期健診と母親学級が、いつ、どこで、

詳細な計画　11

- どのくらいの頻度で行われるのか確認し、上司に伝える。
- 会社の出産休暇と出産手当についての規定を確認する。
- 同僚に妊娠したことを、いつ伝えるか決める。
- 仕事でのストレスを最小限に抑えるため、できるだけ仕事を増やさないようにし、移動の多い仕事も避ける。
- いつから休暇を取るか検討する。産後、赤ちゃんと過ごす時間を充分取るために、産前はぎりぎりまで仕事を続ける女性が多くなっているが、32週までに休みを取るのが望ましい。
- 妊娠中の食生活を計画する。どのような食品を控えるか、また職場で何を食べるべきか、よく検討する。（参照 →P.12〜13）
- 仕事を続けながらでもこなせる運動のプログラムを決める。

出産予定日

出産予定日は、できるだけ早く算出しましょう。会社の同僚に、定期健診のための休暇や、産休の予定を伝える必要があるからです。いつ受胎したか正確にわからなくても、最後の月経が始まった日を覚えていれば大丈夫です。その日から40週後が、出産予定日です。最後の月経が始まった日から、2週間前後が受胎日と考えられます。その理由は、大半の女性は月経周期の半ばに排卵があるからです。しかし、排卵日の特定は精密科学ではないので、主治医は月経開始日から算出するでしょう。これが、もっとも正確な方法です。

妊娠に気付いたら、1週間以内に産科医か助産婦を訪ねて検査を受け、定期健診のスケジュールを立てましょう。

健康第一、仕事は第二

職場が、必ずしも健康によい環境とは限りません。換気が悪い、狭い、時間に追われる、ちょっとした食事を作る設備がない、電車やバスで長時間窮屈な思いをする。あなたも経験があるのでは？ しかし、妊娠した今では健康を何よりも優先させることが大切です。仕事を続けるにあたって、あなたのまわりの不都合をいかにして避けるか、作戦を立てましょう。

タバコ

今日では、大半のオフィスが禁煙になっています。オフィスのエントランスや路上で、タバコをふかす人々が多く見受けられるのが、その証拠です。しかし、あなたの職場が時代遅れだったら、禁煙スペースにデスクを移してもらうか、スモーカーの同僚に、胎児にとってタバコの煙がどれほど有害かを説明する必要があります。これは、非常に大切なことですから、はっきりと意志表示すべきです。

休憩

昼休みをきちんと取っていますか？ 最近、昼休み中にも仕事を続ける人が多くなっています。背を丸めてコンピュータに向かい、かたわらには食べかけのサンドウィッチが……。でも、休憩とは本来、デスクやオフィスの環境を離れて取るもの。とりわけ妊娠中の体にとっては大切なことです。休憩時にはストレッチをしたり、新鮮な空気を吸ったり、健康的な

今は、妊娠中の自分の体を第一に考える時です。急速に成長しているお腹の赤ちゃんのために、あなた自身が健康で丈夫でなければなりません。

軽食を取りたいものです。正午には1時間の休憩を、また10時と3時には短時間の休憩を必ず取りましょう。

食べ物・飲み物

あなたのオフィスには、フレッシュジュースや野菜サラダのような新鮮な食べ物や飲み物を入れておける冷蔵庫がありますか？ 妊娠中の食事には充分注意を払ったほうがよいので、昼食は自分で作るのがベストです。しかし、食中毒のもとになる細菌感染には要注意。食品を扱うときは、充分に手を洗いましょう。

　現在では、多くの会社が飲料用の給水機を取り入れているようですが、あなたの会社にないなら、ミネラル・ウォーターを持参しましょう。妊娠中は、たっぷり水分を取る必要があります。

　コーヒーを絶つ必要はありませんが、刺激物なので、カフェインの摂取は制限したほうがよいでしょう。コーヒー、お茶、炭酸飲料などのカフェイン含有飲料は、1日に3杯までにします。このような飲み物の代わりに、ハーブティーや、レモンスライスを浮かべたお湯を飲むのがおすすめです。

通勤

通勤に関して、多くの選択肢をもっている人はあまりいないでしょう。しかし、次のようなケースに当てはまらないかどうか、考えてみてください。通勤時に、混み合った電車やバスの中で長時間立っていなくてはなりませんか？ もしそうなら、出勤時間を前後にずらしてみてください。また、自転車、車、もしくは徒歩で、交通量の多い道路を長時間通っていますか？ 排気ガスに含まれる炭素酸化物は有害です。大量に吸い込まない限り胎児に影響はありませんが、避けるに越したことはありません。できるだけ、別の道を通りましょう。

荷物を減らす

あたりを見回して、重いブリーフケースやショルダーバッグ、買い物袋をさげた女性に目を向けてみましょう。妊娠中の体は変化し続けています。それはすなわち、疲れやすく、妊娠前のように丈夫で安定した状態ではなくなるということを意味します。ですから、できるだけ肉体的な負担はさけるようにしてください。バッグの中身を減らし、持ち帰るのは必要最低限のものだけにします。通勤途中に買い物をするのもやめましょう。

職場で気分が悪くなったら

空気が悪く、窮屈な職場環境では、体の不調を引き起こすことがあります。職場で体調不良を経験したことがあるなら、薬を飲む代わりに、次のような方法を試してみてください。

- 頭痛——新鮮な空気を吸い、軽食を取り、清水を飲み、眉に冷やしたタオルを当てます。できれば30分ほど横になります。
- 咳——ハチミツを入れたレモンジュースが効果的です。ハチミツ、レモンの絞り汁、お湯をカップに入れて作っておき、咳が出そうになったら、その都度、喉を潤します。
- 筋肉のこりと痛み——こってきた部分を、軽い運動でほぐしたり、同僚にマッサージしてもらいます。筋肉がほてるなら、冷凍した、袋入りのエンドウ豆（冷凍保存用のバッグに入れて持参）をその部分に2分当て、2分離すを繰り返します。

経済面の計画

出産・育児にはお金がかかります。まず最初にベビー用品を一から揃えるのは、かなりの出費です。出産から18歳までの子育てにかかる費用は、トータルで約10万ポンド（1ポンド約170円）と言われています。恐ろしい数字ですが、一度にかかるわけではありませんので、ご安心を。

働く女性の場合、産休を取ることによって収入が減ってしまいます。最短の18週間しか産休を取らなくても、年収はそれまでの約3分の2になり、さらに長期間休めば、約半分まで年収は落ち込みます。しかも、収入が減るのと同時に、育児用品を買い揃える費用がかかってきます（産休の問題については、P.88～89をご覧ください）。

また、赤ちゃんを迎えるには、これまでの住まいが手狭だと考えるカップルもいるでしょう。もし仕事復帰をし、託児（参照 →P.134～137）が必要なら、金銭面は、主要な問題としてよく考えねばなりません。

予算を見積もる

妊娠がわかったら、早めに出産後のお金のやりくりについてパートナーと話し合っておけば、あとになって頭を悩ますことがありません。会社から支給される出産・育児手当の額を調べておいたり、家計の不足分がいくらになるか、見積もっておきます。

できれば出産・育児にかかる最低限の費用を用意しておきたいものです。また保育にかかる費用を調べ、どのような形で赤ちゃんを預けるか決めておきましょう。必要ならば、あきらめるべきぜいたくには、何があるか考えます。場合によっては、近親者に経済的な支援を頼むことも考えましょう。この時期は、家を買うなどの、経済的に大きな責任を負うようなことを、慌てて決めないでください。出産後も仕事を続けられるかどうか、そちらを考えるのが先です。例えば、子どもが生まれてからは長距離通勤が苦痛になるかもしれません。ですから、まず今までの仕事を子育てしながら続けられるのか、また職場に復帰するならいつにするのか、ということをよく考えましょう。家を買うのはそれからでもいいはずです。

住宅ローン（注1）

広い住宅に引っ越そうと決めたり、産休中の収入減によって現在組んでいる住宅ローンが支払えるかどうか不安に感じているなら、別の支払方法に目を向ける価値があります。固定金利のローンを利用すれば月々の支払額が一定で家計管理がしやすいという利点があります。一方で変動金利の場合は、6ヶ月間まで支払いをを休止できるので、産休の期間に利用するのも手です。もちろん手数料はかかりますが、出産によって収入が不安定になるこの時期には、利用するのもひとつの手です。

引っ越しはストレスがかかる大仕事ですから、引っ越しするなら、できる限り臨月を避けましょう。現在の住まいは、あまりにも手狭なのではないかと思われるかもしれませんが、そう感じるのは、赤ちゃんが誕生して最初の数ヶ月だけでしょう。

ベビー用品

小さな赤ちゃんに必要なものはどのくらいあるでしょう？　答えは、「大量」です。本人のサイズにまったく見合っていない量に思えます。初めての赤ちゃんのために最高のベビー用品を買い揃えたいと思うのが親心。きっとあなたの本能が、最新型で、もっとも値の張るベビーカーや、ベッドやハイチェアを買いに走らせようとするでしょう。確かに、ベビー用品のお店はあなたを呼んでいるようです。特に仕事に出ている場合は、ランチタイムにお店に飛び込み、さしたる情報収集もせぬまま、必要だと思われるものを、一度にまとめ買いしてしまいそうです。しかし妊娠3ヶ月末（日本では4ヶ月末）までは、買い物はやめておいたほうが賢明です。4ヶ月（日本では5ヶ月）に入れば、流産の危険性が減るからです。**(注2)**

何もかも新品を揃える必要はありません。育児中の友達、親戚、同僚に、どんなベビー用品をもっているか、何を買い、何を使わなかったか、そして、何が絶対に必要かを教えてもらいましょう。赤ちゃんは、生まれてから6ヶ月間に驚くほど大きくなりますから、新生児用の衣類は借りてすましてもよいかもしれません。1週間しか着ないベビー服にお金をかけることもないでしょうから。

シングルマザーの場合

たとえ、あなたが自らシングルマザーという選択をしたとしても、たったひとりで、妊娠・出産という人生を転換させる一大イベントに直面すると、ひるんでしまうかもしれません。シングルマザーの場合、子育てしながら働き続けるか否かという選択の余地はおそらくないでしょうし、片親に対する社会の批判的な目によって、あなた自身が罪悪感をもったり、生まれてくる子どもを傷つけてしまうのではないかと、心を悩ませたりするかもしれません。しかし、罪の意識を感じることはまったくありませんし、そのようなことを思い悩んで時間を浪費しないことです。その代わりに、自分自身と子どもの将来を経済的、精神的にどのように支えるか具体化することのほうにエネルギーを使いましょう。例えば、家族や友人に協力を仰いだり、保育所やベビーシッター探しを、妊娠中にしておきます。

もし産後も仕事を続けることにしているなら、会社や各機関からの給付金について調べておくことが極めて重要です。もし、赤ちゃんの父親と今も連絡を取り合っているなら、養育費についての話し合いをもちましょう。父親との接触にあたって、問題がある場合は、児童養育局が、力になってくれる場合もあります。

もし、たったひとりで出産したくないと思うなら、親しい友人や親族に出産の立ち会いを頼んでみましょう。ただし、そばにいてくれて、あなたがリラックスできる人であることはもちろん、分娩中も、怖がったりせず、頼りになる人でなくてはなりません。

シングルのワーキングマザーである以上、保育者や保育施設のピンチヒッターを必ず確保しておかねばなりません。近所の人や親族が考えられますが、急な場合でも子どもの世話を引き継いでもらえるよう、自宅のそばに住んでいることが条件です。

注1 日本では事情が異なるため、各銀行に確認して下さい。

注2 日本では妊娠期間を10ヶ月と数えている。英国では日本と異なり、妊娠期間を9ヶ月としているため、少しずれる。

医療サービス

定期健診は、通常、助産婦やそのチームによって行われますが、健診内容によっては、一般の医院や、産科チーム（病院内で、妊娠・出産を専門に扱う医師、助産婦、看護婦のグループ）で行われるものもあります。希望すれば、一般医の担当を別の医師に変えてもらえる権利もあります。

もし別の一般医に担当を変えてもらいたいと思っても、登録はもとの医師のままです。このようにあなたが決断したのは、現在の担当医があなたにとって適切な人だと思えない、または施設自体が、妊婦健診のようなケアを行っていないという理由からかもしれません。

産科医が扱うのは、何らかの異常があったり、ハイリスクの妊娠に絞る傾向が強くなっています。ですから、妊娠中にまったく産科医と顔を合わせなかった、という妊婦はこれからますます増えるでしょう。結局のところ、ごく普通の妊娠を一手に引き受けているのは、助産婦なのです。

今後、超音波検査のような特定の検査を受けるためや、妊娠中に何らかの異常が見つかって大きな病院を訪ねることもあるかもしれません。しかし、それがなければ、かかりつけの医院か自宅で助産婦からケアを受けることになるでしょう。大病院もかかりつけの医院も、自宅近くでしょうから、あなたの職場からは、遠く離れているということです。健診のために出勤時間を遅らせたり早退する場合は、移動にかかる時間や待ち時間も頭に入れて、上司に伝えましょう。予想以上に時間がかかる場合があるので、午前中か、午後いっぱい休みを取るのが賢明です。

健診の頻度 (注1)

医師や助産婦による妊婦健診の頻度に関しては、驚くべきことに、特に規定がありません。しばらくの間は、本当に受ける必要があるのかと疑問に思うでしょう。実際、健診の回数は減る傾向にあります。一般的なパターンを言えば、24週前後までに2度、32週までは月に1度、36週までは2週に1度、この後はお産まで週に1度です。これより健診の回数が少なくても心配はいりません。回数が少ないのは、妊娠の経過が順調と判断されているからです。もっとも時間がかかるのは初回です。あなたの病歴、また親族の病歴についても詳しく尋ねられるでしょうし、妊娠中の生活やケアについて、また妊娠中に受けるべき検査についての説明があります（参照 →P.30〜31）。さらに子宮の位置を感じられるかどうか腹部を触診し（12週未満ではわかりません）、胸の変化を見ます。内診で、子宮の大きさと形をチェックし妊娠の進み具合を判断する場合もあります。検査用に血液と尿を採取し、体重と身長を測り、血圧を測定します。手に持って使う小型の機器で、助産婦が胎児の心音を聴くでしょう（14週から聞こえます）。機械を通して大きく響く胎児の心音は、極端に速い（毎分160回以上）のですが、これが正常です。胎

児の心音を初めて聴く瞬間は、興奮の一言です。

　初めて診察を受けるタイミングは、産科医の方針によって異なります。最初の診察を予約するときに、山ほど注意を受けると思いますが、不都合が生じた場合は、必ず日程を変更してもらいましょう。初回の診察は、定期健診の中でももっとも大切ですから、検査や問診などに充分な時間をかけられる日でないといけません。

　その後の定期健診では、毎回血圧と尿検査があります。血液検査をする回もあります。胎児の心音を聴き、腹部を触診して子宮底長を測ります。足首を見て、むくみがないかチェックすることもあるでしょう。

母親学級

あなたの通っている病院が総合病院でも個人病院でも、初産を迎える妊婦を対象に、母親学級もしくは両親学級を開いていると思います。30～31週に受講するのが一般的ですが、強制ではありません。これ以上仕事を休むことはできない、受講をよそうと考える方もいるでしょうが、考え直してください。仕事をもっている女性は、自分の妊娠について、じっくりと学び、語る機会がほとんどないでしょうから、母親学級はたいへん貴重なチャンスなのです。そこであなたは陣痛について知り、またあなた自身やパートナーの抱えている不安について質問することができます。これから同じ経験をする人たちと集うこと自体、たいへん意味があります。

　母親学級は、1回1時間半から2時間程度の講座が、6回行われるのが一般的です。どこで開催されているものも形式はみな同じですし、内容も変わりありません。陣痛開始後のリラックスのコツと呼吸法、分娩開始の判断の仕方、入院のタイミング、分娩時の痛みの逃し方、新生児のケア、産後の感情と肉体の変化などについて説明があります。ぜひ、あなたのパートナーにも一緒に受講してもらいましょう。きっと受講を機に、できる限りの協力をしてくれるようになるでしょうし、出産前後に果たすべき自分自身の役割を学び取ってくれることでしょう。母親学級で妊婦体操を教えてくれる場合もありますし、体操だけ別のクラスになっている場合もあります。規模の大きい病院で行っている母親学級では、病棟見学をさせてくれることもあります。

　雇用主には、妊娠中の従業員に、母親学級や両親学級へ参加するための有給休暇を与えることが法律で義務づけられています(注2)。

注1 日本では規定があり23週までは4週間に1回、24週から35週は2週間に1回となっている。ただし、医師や助産婦の指示でこれを上回ることもある。

注2 男女雇用機会均等法により、保健指導や健診を受けるために必要な時間は確保することが義務づけられている。

薬と栄養剤

ビタミンやミネラルを補給する栄養剤を妊娠中に飲み続けることの是非について、医療専門家の間で白熱した議論が続いています。しかし、栄養バランスが偏った貧しい食生活をしていない限り、葉酸や鉄分の補給は別として、妊娠中に栄養剤は必要ありません。また、薬という薬は遠ざけることが大切です。漢方薬ですら、胎児に悪影響を及ぼす可能性があります。

勤務先での食事も含め、日常生活に必要なビタミンやミネラルは、健康的でバランスの取れた食事から取るよう心がけましょう。私たちは恵まれた時代に暮らしています。なぜなら、社会がますます健康志向になっているおかげで、ベークドポテトや新鮮な野菜スープ、サラダ、全粒粉パンを使ったサンドウィッチなどがテイクアウトできるからです。

葉酸

葉酸が充分摂取されていると、胎児の脊椎、脊髄、脳（妊娠初期に形成）の発育が促されます。妊娠12週までに妊娠していることがわかったら、ただちに1日400マイクログラムの葉酸を栄養剤で取ることをおすすめします。妊娠したいと考えているあなたは、妊娠を予定している3ヶ月前から葉酸を補給するのがベストです。食事から取るなら、ブロッコリ、ほうれん草などの青い野菜やバナナ、また、サヤエンドウなどの豆類をたくさん食べましょう。葉酸を強化したシリアルやパンもスーパーで手に入ります。葉酸が不足すると、神経管が欠損し、脊椎披裂や口蓋裂、無脳症などを引き起こす場合があります。（参照 → P.36）しかし、現在では妊娠初期に葉酸の栄養剤が処方されているため、以前に比べてこのような症例は非常に少なくなりました。現実には、ほとんど無に等しい状態です。

鉄

鉄はヘモグロビンを構成します。このヘモグロビンは、肺から体内の隅々に酸素を運搬する赤血球に含まれています。胎児は、母体に蓄えている鉄分を多く消費するため、妊婦は鉄欠乏から貧血をおこしやすくなります。先進国では、ひどい貧血は少ないのですが、ヘモグロビンの激減を避けるために、鉄剤を処方される場合もあります。しかし栄養剤でなくても、食事でも鉄分を取ることができます。穀類、卵黄、濃い緑色の野菜、糖蜜、肉の赤身、乾燥させたエンドウやインゲン豆に鉄分が含まれています。ビタミンCは、鉄の吸収を助けます。反対にカフェインは吸収を妨げますので、コーヒーの代わりにオレンジジュースを飲みましょう。

妊娠中の薬

胎児は、子宮の中で危険から守られています。しかし、妊娠中に母親が食べたり、飲んだり、吸い込んだものは、すべて胎児に害を及ぼす

薬と栄養剤　19

妊娠中は、処方薬を避けるべきですが、葉酸のような栄養剤は、妊娠12週までに不可欠であると考えられています。

可能性があることを忘れないでください。たいていの人は、鎮痛剤や抗生物質、咳止め、抗ヒスタミン剤などの市販薬を、深く考えずに使っています。これら無害に思える薬でも、妊娠中に使うと胎盤を通って胎児の血液に流れ込みます。毒素が蓄積すると発育に悪影響を及ぼすことがあります。

　母体が病気だと胎児の健康にもよくありませんが、薬を飲むことと、それによる胎児への悪影響を秤にかけて考えなければならないのは明らかです。ともあれ妊娠中には、薬を避けるに越したことはありません。

　不法な薬物、例えばコカイン、マリファナ、ヘロイン、LSD、エクスタシー、覚醒剤などは心臓病や血液の病気、染色体異常、流産の原因となり、中毒に陥った赤ちゃんが分娩時に禁断症状を起こす場合もあります。これらの薬物には、妊娠中に絶対手を出してはなりません。

　内服薬と同様に、クリームや軟膏にも、妊娠中は気をつけねばなりません。皮膚から吸収され、胎児に影響を及ぼす可能性があります。一般的なボディローションなら問題ありませんが、即効性のある成分を含むクリームは避けましょう。不安なときは、医師に相談してから使いましょう。

漢方薬

漢方薬なら安全性にまったく問題ないと思われがちですが、通常の薬品に使われている化学物質も、植物から成分が抽出されている場合が少なくありません。妊娠中に効果のあるすぐれた漢方薬も多いのですが、同時に危ないものも多くあります。ですから、漢方薬でも一般の薬品でも、確実に安全だとわかるまでは使わないことです。確信がない薬は、絶対避けましょう。

どんな気分だろう？ 赤ちゃんの誕生はいつ？ 妊娠しても元気で仕事を続けられるかな？ いつ会社に知らせるべき？ 感情的になりすぎたり、自分をコントロールできなくなるの？ もしそうなったら、仕事にも影響が出るかな？ 通勤には、何を着ていったらいい？ 運動したほうがいいの？ 運動するなら、いつ？ 働く女性が初めて妊娠を経験したとき、このような疑問が次から次へと湧いてくるはず。このセクションでは、妊娠の経過を数週ごとにまとめました。このガイドが、あなたのあらゆる疑問に答えてくれるでしょう。

　妊娠とは、摩訶不思議で、エキサイティングなできごとです。この特別な10ヶ月を楽しもうとする気持ちと、家庭でも仕事でも妊娠をごく自然に受け止めようとする気持ちがとても大切です。妊娠していても日課はこなせます。あなた自身と生まれてくる赤ちゃんの健康の維持に欠かせないステップを踏んでいくことも大切です。働く女性の場合、自分でスケジュールを都合できる女性よりも、緻密な計画を立てる必要があります。このセクションでは、できるだけ楽に妊娠中のスケジュールを立てられるよう編集しましたので、このガイドを参考に、妊娠という体の変化を上手に切り抜けてください。

　このガイドでは、赤ちゃん誕生までの間に、妊娠中の各段階で直面し、考えなければならない事項すべてを細かく説明しています。例えば胎児の健康と成長、食生活や運動など母体の心と体の健康、バースプランを含む医療ケア、そしてもっとも重要なのが、このような妊娠に絡む様々な事項を、仕事のスケジュールに組み込むためのアドバイスです。妊娠の経過は、みな同じではありません。まったく何の問題もなく出産を迎える人もいれば、何らかの不調を経験する人もいます。ここに書いてある内容は、絶対的真理ではなく、ガイドであることをお忘れなく。一例を挙げれば、もし胸やけについて書いてあっても、あなたが必ず胸やけを起こすわけではありません。ここに書いてあることは、あくまでも概論です。赤ちゃん誕生の日を心待ちにしながら、あなた自身の健康を保ち、スムーズに妊娠を受け入れることができるよう、計画を立てたり決断を下したりするために、これらの情報を利用していただければと思います。

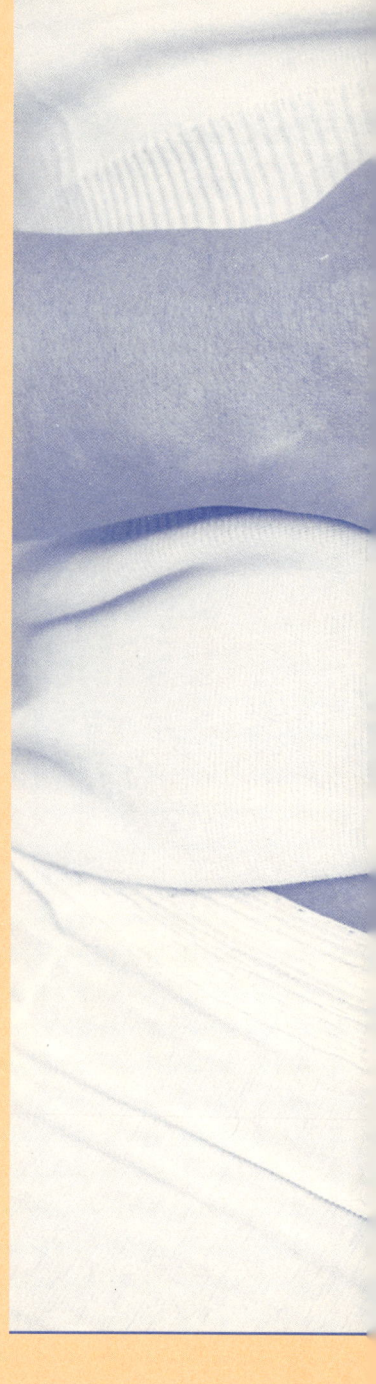

妊娠の経過

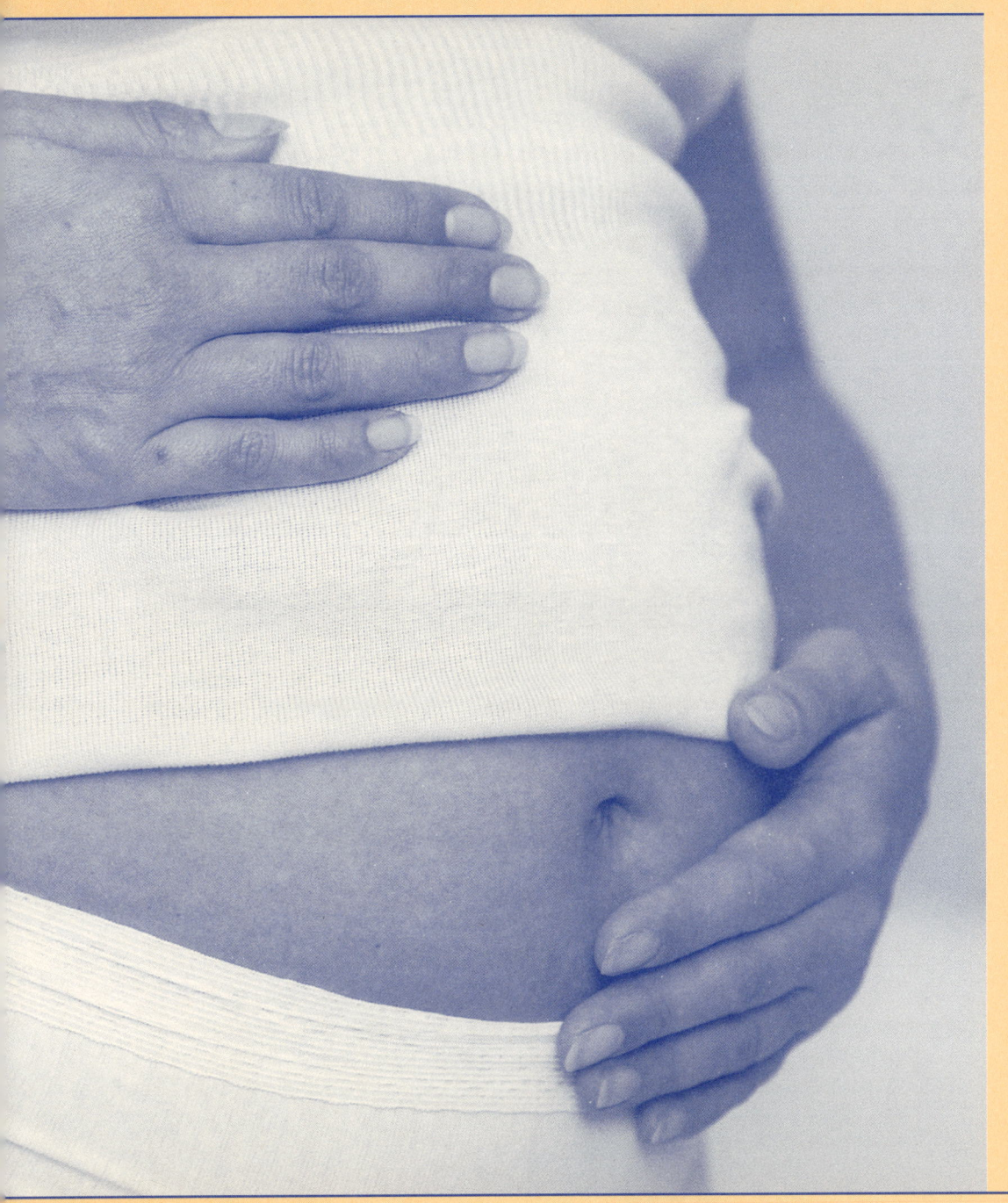

1〜7週

最初の数週間は妊娠している実感がないと、多くの女性は語ります。自分の体の中に、もうひとつの生命が宿っているという事実が信じられないのでしょう。このような感情の高揚状態に、様々な肉体的症状が伴うことがよくあります。無月経に始まり、胸の張り、吐き気、匂いや味に過敏になる、トイレが近い、体がだるいなどです。これらの症状はすべて正常であり、今後は感覚の変化があることを覚えておいてください。

週数	日常生活での変化	医療ケア	食事
1–7	禁煙しましょう。タバコによって、胎児への酸素の供給が制限されますし、流産や未熟児で出産する危険性がはるかに高くなります。	妊娠初期は、特に薬の影響が深刻です。この時期に胎児の主要な器官が形成されるためです。催奇形性の薬もありますので、注意が必要です。妊娠している可能性があるなら、薬を使う前に医師に相談しましょう。処方箋がなくても買える薬（参照 →P.19）や、大麻、エクスタシー、コカイン、ヘロインのような不法な薬物は避けなくてはなりません。	食欲がなくなったり、好みが変わったりと、食べ物に対する感覚が変化するかもしれませんが規則正しく栄養価の高い食事を取りましょう。
	お酒もできるだけ、やめましょう。胎盤からアルコールが赤ちゃんの体に届いてしまい、胎児の異常を引き起こしたり、早産、流産の危険性が高くなります。		毎日牛乳を500cc飲みましょう。この時期に胎児の骨と歯が形成されるため、それらの発育にカルシウムは必須です。
	あなたの会社の妊産婦に関する就業規則を調べ、国で定められた出産手当以外に、会社からどのような給付金があるか確かめます。	妊娠したかもしれないと感じたら、できるだけ早く医師か助産婦を訪ねましょう。	胎児の発育に欠かせない葉酸の栄養剤を飲むことを忘れずに。（参照 →P.18）

第1三半期　1 2 3 4 5 6 7 8 9 10 11 12　第2三半期　13 14 15 16 17 18 19 20 21 22

胎児の成長

最終月経の開始日が妊娠の始まりとされていますが実際は、この日から約2週間後に妊娠しているため、妊娠の週数よりも、胎児は2週間分小さいことになります。例えば、妊娠7週目と言われたら、胎児は5週目です。5週目の胎児の大きさは、頭から尾の部分までで1.5センチほど。大粒のエンドウ豆大で、大部分が頭に見えるでしょう。胸とお腹の丸みは、はっきりしています。

妊娠のもっとも初期段階に、胎芽の中に見える管が、少しずつ赤ちゃんの心臓へと変化していきます。

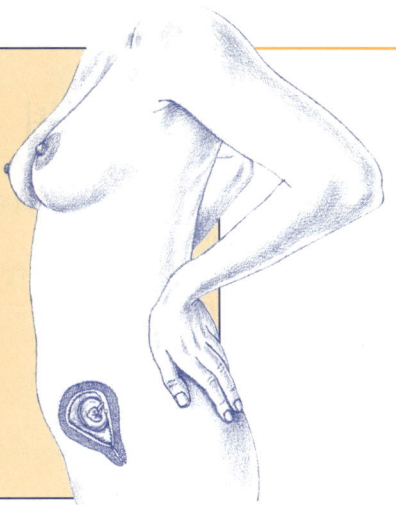

感情	運動	洋服	週数
妊娠の維持と進行を助けるエストロゲンや黄体ホルモンのような妊娠ホルモンが、7週目には胎盤から分泌されるようになります。ホルモンの変化は感情面に影響を与えるため、妊娠を知ったあなたは、大きな喜び、驚き、そして、母親になる責任感からくる不安の間を揺れ動くことになるかもしれません。 この時期は、仕事に集中するのが難しいかもしれません。また自分の仕事にどのような影響が出るのか不安に感じることもあるでしょう。このような感情は誰しも経験することです。12週ころになれば気持ちが落ち着くはずです。	激しい運動が、妊娠に悪影響を及ぼすという確かな証拠はありませんが、妊娠中は危険なスポーツを避けたほうがよいでしょう。また、肉体を酷使する運動もやめましょう。 このような妊娠初期の段階で、もうすでに通常よりも疲れやすくなったり、めまいがすることもあるかもしれません。ですから、これまで日常的に続けていた運動の内容を見直す必要があります。	まだ妊娠しているようには見えませんが、少し太ったように感じたり、1キロ程度体重が増えているかもしれません。大きなサイズの服を着る必要はまだありませんが、ウエストがぴったりした服では窮屈に感じるはずです。ですから、ワードローブの中でも、あまり体を締め付けないものを選んで着るとよいでしょう。職場で長時間過ごす場合は、特にこの点が重要なポイントとなります。	1-7

流産

胎児の問題は、超音波検査や他の検査によって判明する場合が大半ですが、すぐに何らかの影響が出てしまう場合があります。そのひとつが流産です。妊娠が判明してから、約15パーセントは流産しています。しかし受精卵の段階での流産率はより高く、50パーセントほどと言われています。その大半のケースは、自分が妊娠していることに気付いてないために、流産を見逃しています。妊娠13週を過ぎると、流産の可能性は低くなります。

超音波検査は、胎児の発育状況を確認するのに使われます。この検査のおかげで、胎児の問題が早期発見され、出産予定日の正確さも増しました。

流産の多くは、胎児に根本的な欠陥があることが理由なので、その妊娠が流産に終わるのが適切であると考えられています。また、何らかの病気やリステリア、トキソプラズマなど（右ページ参照）の感染症が原因で流産する例もあります。医師から、はっきりした原因を指摘されることは多くありません。

もし大量に出血したり、血のかたまりが出て、生理痛に似た、しかも生理痛よりも激しい痛みを伴うなら、流産の可能性が高いと言えます。しかしこの段階では、有効な医療手段がないのが現実です。多くの女性は、妊娠初期に少量の出血をみますが、流産に進行することはありません。しかし、少しでも出血したら、すぐに医師か助産婦に知らせます。もし妊娠初期に出血したら、少し生活のペースを落

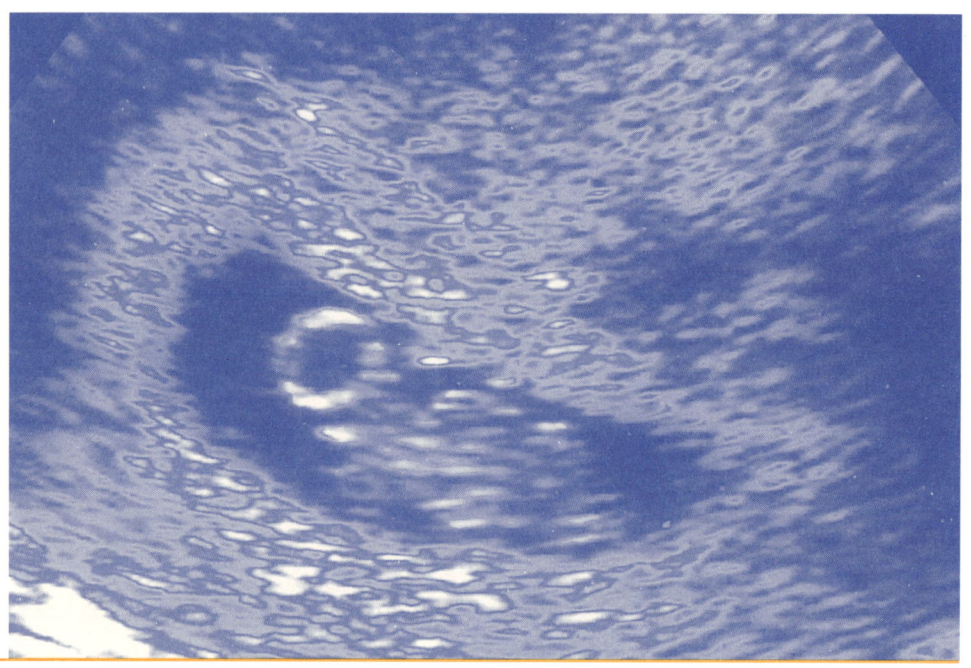

とすほうがよいかもしれません。仕事を休むか否かはあなた次第ですし、ある程度、職種によっても事情が違ってくるでしょう。仕事を休む、休まないで結果にどのような違いが出たか、という調査結果はありませんが、気分的にも大事をとったほうがよいのではないでしょうか。

　流産とは、とてもつらいものです。怒りと喪失感、とりわけ、自分の体にどこか悪いところがあるのではという不安や、自責の念にかられるものです。職場環境が試されるのは、特にこのような場合です。会社には流産のことを伝えないという選択もあります。黙っているのもつらいなら、心を許せる同僚だけに話したり、上司に伝え、上司から他の人たちに話してもらう方法もあります。流産したことを話したいという気持ちがあるか、また同僚にそのことを伝えるかどうか、よく考えましょう。他人に話すことで救われる人は多いのですが、職場が、つらい体験を語るにふさわしい場所とは思えないかもしれません。元気を取り戻す時間を取りましょう。仕事を休んで、充分休息を取り、気ままに過ごしてから元気に職場に復帰しましょう。

風疹

妊娠の最初の数週間に風疹にかかると、胎児に深刻な影響を及ぼす場合があります。西洋では、ほとんどの女性が子どものうちに免疫を得ています。この免疫は一生有効です。しかし、子どもと接する仕事や頻繁に海外に出かける仕事では、風疹のウイルスにさらされていることが多いので、妊娠する前に抗体価を検査しておくと安心です。抗体価は、簡単な血液検査で分かりますので、医師に相談してみてください。

食中毒

ランチにテイクアウトを利用したり、できあいの料理を食べるなら、作りたてのものかどうか、また適温で保管されていたかどうか、確かめなければなりません。食物からの感染でもっとも心配なのは、リステリアとトキソプラズマです。どちらも感染例は多くありませんが、流産の原因となったり、胎児に悪影響を及ぼします。低温殺菌のソフトチーズ、例えば、ドルチェラッテ、カマンベール、ブリーや、充分に火の通っていない鶏肉、豚肉、羊肉、パテや生肉から、感染する危険性があることがわかっています。他にも、充分火の通っていない肉や卵から、大腸菌やサルモネラ菌に感染する危険性があります。細菌クラミジア・シッタシによって起こるオウム病（性感染症のクラミジア・トラコマチスと混同しないでください）の場合は、鳥や羊が感染経路です（職種によっては感染の危険性があります。詳しくはP.82〜83をご覧ください）。

　衛生面には常に注意を払いましょう。職場に食べ物を持ち込むなら、必ず冷蔵庫か保冷用のバッグに入れて低温で保管します。また、手洗いの回数を増やします。食べ物を触るときは、特に手を清潔にしておかなければなりません。

検査結果を読む

昔と違って、今では自分で検査結果を目にすることができます。しかし、医療知識がなければ、検査結果の紙片を見ても、まったく理解することができませんし、わからないだけに気にかかります。ここでは、もっとも一般的に使われている専門用語を解説しました。しかし、解釈でよくわからない点があれば、遠慮せずに助産婦に納得いくまで説明を求めるとよいでしょう。

たいていの医師は、充分な時間を取って妊婦にかかわってはいません。その理由には時間的な制約もありますが、医師は妊婦が検査結果について詳しく知りたがっているとは思っておらず、また、説明しても理解できないだろうと考えているのです。検査の種類や数については、胎児の状態とあなたの選択次第です。質問する機会がなかなか作れなかったり、妊娠中の経過がとても気になるなら、定期健診に行く前に質問事項を紙に書き出すか、自分の代わりに質問してくれる人を連れていきましょう。もし健診時に、矢継ぎ早に複雑な情報を浴びせられると、自分の感情が高ぶったり、不安になったりする心配があるなら、誰かについてきてもらうことで、安心できるのではないでしょうか。

略語の意味

- **bp（blood pressure）** 血圧です。血圧は一定ではなく、一度の測定だけでは、病気の具体的な兆候とみなすことはできません。数値は容易に変動し、焦ったり心配したり、気温がとても高かったり、カフェインを取りすぎただけでも変わります。140/90を越えるほど高値なら、あとから再度測定することになるでしょう。もし血圧の高い状態が続いているなら、降圧剤を処方されるでしょう。高血圧は薬を飲むことによる危険性よりも、胎児への影響がより深刻だからです。
- **cx（cervix）** 子宮頸部のことです。子宮の頸部が柔らかくなり始めると、分娩が始まります。
- **edd（estimated date of delivery）** 出産予定日
- **eng（engaged）** 胎児の頭部のもっとも大きい部分が骨盤まで下りてきて、出産の準備が整ったことを指します。
- **fe** 鉄剤が処方されたことを示します。
- **fh（foetal heart）** 胎児の心臓の意味です。胎児の心拍数、そして心音が聞き取れるかどうかが、妊娠初期から記載されます。
- **fmf（foetal movement felt）** 胎動が感じられたという意味です。
- **hb/hgb（haemoglobin）** ヘモグロビン。貧血検査でヘモグロビンの値を調べます。1dl中12グラム前後が良好な数値で、10グラムを下回ると、鉄剤が処方されるでしょう。
- **height of fundus：ｈｏｆ** 子宮底長という意味です。子宮底は、子宮の入り口からもっとも遠い部分で、妊娠中に毎週およそ1センチ押し上げられます。この長さが、胎児の成長のおおまかな目安になります。
- **h/t（hypertension）** 高血圧のことです。医師が経過をチェックするでしょう。
- **lmp（last menstrual period）** 最終月経の開始日。

- msu（midstream urine sample）検査用の中間尿。
- oed（oedema）浮腫（ふしゅ）。間質液（かんしつえき）の停留による、むくみのことで、過度の、もしくは急激な浮腫は妊娠に伴う問題の兆候と考えられます。大半の妊婦には間質液の停滞がみられますが、浮腫には至りません。
- para 0 出産経験がないことを示します。1度出産したことがあれば "para 1" というように、数字が出産回数を表します。
- pp（presenting part）子宮内で、もっとも下に来ている胎児の体の部分を指します。つまり子宮頸官に最初に出てくる部分です。"pp" に続いて、"Vx"（vertex）や "ceph"（cephalic）なら頭が下に来ている「頭位」、"Br"（breech）なら、頭が上の「骨盤位」、"Tr"（transverse）なら胎児が横たわっている「横位」という意味です。出産間近になると、このような用語はより専門的になり、胎児の体位に関する表現も、非常に細かくなります。
- t これは、胎児側の生まれる準備が整ったことを指しますが、すぐにお産が始まるという保証はありません。
- urine test 尿検査のことです。この下にNADと記載されているかもしれません。"NAD" とは "no abnormality detected" の略で、「異常なし」という意味です。"nil" と書かれている場合もあります。"Prot"（protain）とあれば、たんぱく尿を示します。たんぱく尿は、妊娠中毒症の兆候を示す場合がありますが、時おり、尿に微量のたんぱくが出る妊婦は少なくなく、それ自体は何の心配もいりません。
- ve（vaginal examination）内診を受けたという意味です。

様々な検査は、妊娠期間中を健康に過ごす手段です。

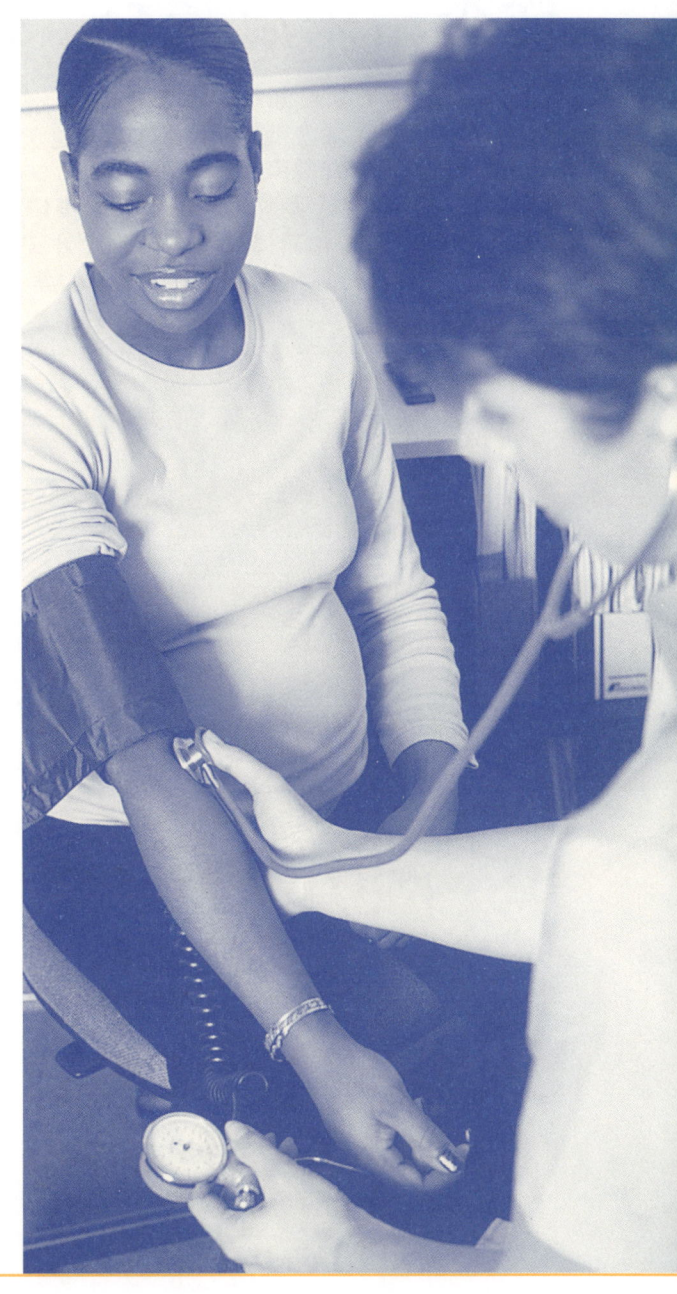

8〜12週

会社に妊娠を報告しましたか？ 妊婦の権利を保証するため、産休を取得する21日前まで、雇用主に妊娠を伝える法的な義務はありません。しかし、早めに伝えることをおすすめします。仕事を休んで健診に通う必要がありますし、妊娠による解雇や不公平な扱いから自分を法的に守るためにも、また会社側が適切な交代要員を探す充分な時間が確保できるよう、早めに伝えることが雇用主に対する礼儀でもあります。

週数	日常生活での変化	医療ケア	食事
8-12	6週から16週くらいまではつわりがありますが、9週目が一番つらい時期のようです。主に妊娠に関連するホルモンの量の増加が原因です。空腹時の朝、一番症状が重いものですが、他の時間帯にも症状が出ることがあります。強い匂いや味が、つわりの引き金になることがよくあります。 吐き気を催す場合は、定期的に少しずつ食べましょう。特に朝目覚めたら、ビスケットを食べ、牛乳か水を飲めば症状が和らぐでしょう。	12週ごろまでに、最初の健診を受けましょう。初めての健診は時間がかかるので、充分に時間の余裕をみておくことが大切です（定期健診の詳細については、P.17をご覧ください）。 最初の健診では、胎児に異常がないかどうかを確かめる、様々な検査について伝えられるでしょう。膣内を調べる超音波検査や絨毛採取による検査がこのころ行われます（参照 →P.30〜31）。	手作りの食事を持ち込まない限り、働く女性が適切な食事を取るのは難しいものです。お弁当箱に、軽食を詰めて出勤しましょう。例えば、刻んだ野菜や固ゆでの卵、クラッカー、小さくカットしたチーズや果物などです。そして水やフルーツジュースを、いつでも飲めるように用意しておくことも忘れずに。オフィスに冷蔵庫がない場合は、小型のクーラーバッグを持参しましょう。 もし仕事中につわりで気分が悪くなったら、ブドウ糖を使ったお菓子や、食物繊維が豊富な炭水化物の軽食を取ります。オート麦を使ったスナック菓子やバナナがおすすめです。

第1三半期: 1 2 3 4 5 6 7 **8 9 10 11 12**
第2三半期: 13 14 15 16 17 18 19 20 21 2

胎児の成長

胎児は、急速に成長していき、12週には、およそ6.5センチになります。このころには生殖器ができあがり、性別が見分けられます。また、神経組織が筋肉に指令を出し、胎児はつま先を動かすなどの動きを見せ始めます。12週前後にRh式を判定する血液検査があるでしょう。あなたの血液がRhマイナスで、胎児の父親がRhプラスなら、生まれてくる赤ちゃんがRhプラスになる可能性がありますので、あなたは予防接種を受ける必要があります。

もしRhプラスの血球が母親の血液中に逃げ込んだら、母体は血液中にRh抗体を形成します（詳細は31ページをご覧ください）。

右図
+ 　Rhプラスの血液
− 　Rhマイナスの血液
⊕ 　Rh抗体

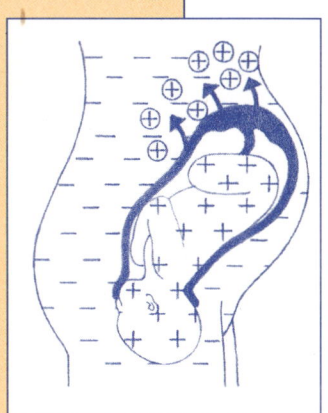

週数 8–12

感情

妊娠初期には、突然襲ってくる倦怠感の波にのまれてしまう女性がいます。これは、黄体ホルモンの量が増えるせいだと言われていますが、それだけでなく、精神的・肉体的な変化も影響しています。気分が高揚してよく眠れなかったり、つわりに悩まされる時期です。

しばらくは、おつきあいを控え、睡眠を充分取ったり、仕事から自宅に戻ったら、しばらく仮眠しましょう。疲れがたまると、感情的になり過ぎたり、イライラしがちなので、同僚やパートナーに迷惑をかけてしまうかもしれません。

運動

軽い運動を毎日続けていれば、妊娠中に多い腰痛、息切れ、こむらがえり、便秘のような症状が出ても、軽くすむでしょう。

運動の種類を選ぶ際は、現実的になりましょう。妊婦向けの体操やヨガ教室もありますが、妊娠前にどの程度運動をしていたか、という点を考慮しなければなりません。血液中のホルモンによって、靭帯が柔らかくなっているため、靭帯を無理に伸ばすような運動を避けるよう注意が必要です。どんな運動にせよ、必ず妊婦向けに考案された内容のものにしなければなりません。

洋服

そろそろ新しいブラジャーを準備します。妊娠すると最初の3ヶ月（日本では4ヶ月）で胸はかなり大きくなります。豊かになった胸をしっかりとサポートしてくれるマタニティ用のブラが必要です。ストラップが幅広で、ずり上がったり、体にくい込んだりしない、ほどよいつけ心地のブラを探しましょう。ただし、これから、ますますサイズが大きくなるかもしれませんので、あまり何枚も買わないでください。ブラジャーに加え、これまで仕事でフィット感のあるブラウスやスーツを着ていたり、制服を着る必要があるのなら、ワンサイズ大きいものを買い揃える必要があります。もしくは、フィットしたデザインはあきらめます。

検査方法

大多数の赤ちゃんは元気に生まれてきますが、残念ながらそうでない赤ちゃんもいます。胎児期に先天異常を発見する技術は、近年大きく進歩しました。そのため、妊娠を継続させるか、中絶するかカップルに話し合ってもらうことができるようになりました。

異常の多くは超音波検査（参照 →P.40）によって発見されますが、この方法では発見することのできない異常もまた多くあります。先天異常の中で、もっとも重要なグループは、染色体異常です。中でもダウン症が、もっとも多い症例です。胎児が染色体異常かどうか判断しようとするカップルに、現在ではいくつかの選択肢が用意されています。もっとも簡単なのは、年齢を判断基準にすることです。妊娠可能な年齢の中でも、高齢になるほど染色体異常児を出産する確率が高くなります。

後頸部の超音波診断

11週前後に行われます。ごくわずかな超音波の理論上のリスク以外に、胎児には何の危険もありません。胎児のうなじの部分にあるひだを計測し、コンピュータ分析します。この検査では、染色体異常かどうかの診断はできませんが、例えば205分の1とか、3230分の1というように、胎児が染色体に欠陥をもつ確率を知らせてくれます。判断基準は、胎児の首の後ろにあるひだの厚みと母親の年齢です。この検査によって、ダウン症の赤ちゃんのおよそ60〜70パーセントが出生前に判明しています。この検査を一般的に行っている施設は多くありませんが、個人的に受けることは可能です。この他に、血清マーカー検査もあります。胎児にほとんど危険はありませんが、危険性がゼロではありません。血清マーカー検査では、胎児の染色体に異常があるかどうかの可能性が確率として算出されます。このような検査を受けて、ハイリスクという検査結果が出た場合、胎児が染色体異常であるか否かを明らかにする、より厳密なテストを受けるという選択肢も用意されています。それには2種類の検査法があります。絨毛採取と羊水穿刺です。

絨毛採取

胎盤の組織を採取し行います。採取の方法には、膣を経由するものと、腹壁からの2とおりあります。検査は9〜11週あたりに行われます。この時期に診断できれば、結果によっては、妊娠中絶も可能というメリットがあります。しかし、流産する可能性が2パーセントあるので、危険を冒しても検査を受けるだけの理由がなければ、了承されません。この検査は、羊水穿刺に比べると、ごくまれにしか行われません。

一般的な血液検査

ごく一般的な血液検査は、初回の健診時にほとんど済んでしまう場合が多いのですが、検査内容によっては、妊娠中に繰り返し検査するものもあります。もっとも一般的な検査内容は次のとおりです。

血液型

自分がRhプラスかマイナスかを知っておかなければなりません。もし赤ちゃんの父親の血液型がRhプラスなら、赤ちゃんもRhプラスに

なる可能性があります。しかし母親がRhマイナスだと、母親の血液中に胎児の血液に対する抗体ができてしまい、この抗体が胎盤を通って赤ちゃんの血液に入ると、貧血や溶血性疾患を引き起こします。しかし抗体ができるのを防ぐ手段があります。免疫グロブリンの注射がそれで、血液型がRhマイナスで、初めて妊娠した女性に接種を行っている産科施設が増えています。助産婦さんに尋ねてみてください。

ヘモグロビン（血色素）

貧血を確かめる検査です。1デシリットルごとのグラム数を量り、数値が10以上（**注1**）なら正常です。これより数値が少ないと、鉄剤が処方されます。この検査は、妊娠中に最低2回は行われます。

風疹抗体検査

子どものころに得た抗体が、現在も有効であるかどうか確認します。

B型肝炎抗原検査

B型肝炎に感染していないか検査します。ウイルスをもっていると、胎児にも感染することがありますので、出生時に、赤ちゃんに対する予防措置が取られます。陽性反応が出ることはごくまれです。

HIV（ヒト免疫不全ウイルス）抗体検査

妊娠したら、必ずHIVに感染していないかどうか検査を受けましょう。陽性とわかっても、赤ちゃんへの感染の危険性を減らす医療処置が用意されています。

梅毒血清反応検査

数十年前から標準的に行われています。梅毒は胎児に悪影響を及ぼしますが、抗生物質で完治します。感染者はごくまれです。

尿検査

定期健診を受けるたびに、滅菌処理をした容器を渡され、尿を取ってくるよう言われます。健診日には、出勤前に自宅で採尿しておくとよいでしょう。尿の糖分が検査されます。糖の量が多いと妊娠による糖尿病が疑われます。この場合は出産すれば治りますが、胎児に影響があるため、食生活を見直し、注意深く経過を観察する必要があります。そうしないと、胎児は胎盤から過度の糖分を供給されて大きくなりすぎてしまうため、普通分娩が難しくなり、帝王切開になる可能性が高くなります。また胎児の心肺機能にも影響があります。

　尿にたんぱくが出ているかどうかも調べます。尿にたんぱくが出るのは、感染症にかかっている場合です。また子癇前症と呼ばれる妊娠中毒症の一種を発症している場合も、高血圧、むくみとともに、たんぱく尿が出ます。子癇前症は、胎盤の機能低下や、未熟児の出産につながりますので、早期発見することが大切です。原因はまだ充分わかっていませんが、発症のリスクが高いのは、35歳以上の妊婦、初妊婦、妊娠に伴い糖尿病を患っている場合、また多胎妊娠の場合です。

注1 日本では、11.0g/dl未満を妊婦貧血と定義している。

ストレスを減らす

妊娠中は、ストレスがたまります。仕事をしていると、なおさらそうです。何なくこの時期を乗り切っている女性も多いのですが、みながそうではありません。もうひとつの生命を預かっている思い責任について語ることもなく、心身の大きな変化と仕事とのバランスを懸命に取っている女性たちもいるのです。

妊娠しても、何とかして、すべてをこなさなくてはと考えがちです。これまでどおりのスピードと献身的な態度で仕事を続けようとしたり、完ぺきを目指し、忙しく付き合いをこなしたり、家の中をきれいに保って、ディナーパーティーを開いたり……。中にはこれらをすべてこなせる女性もいるでしょうが、大多数の女性の場合は、この時期、もっと現実的に、ゆったりとしたスケジュールを組んだほうがよさそうです。長い目で見れば、妊娠は一時期のものですから、その間だけでも不必要なストレスは避けるべきです。

パートナーのサポート

多くの人が、妊娠は100パーセント女性の領域だと考えています。しかしパートナーにも、あなたのお腹の赤ちゃんに対して50パーセントの責任があります。ですから、妊娠初期の段階から、彼をあらゆる面で巻き込む必要があります。もうすでに家事を分担しているかもしれませんが、もしそうでないなら、今すぐ彼と話し合いましょう。買い物に出て、重い荷物を持つなど、あらゆる重労働はすべて彼に頼みましょう。

仕事上のストレス

あなたの仕事には、もともとストレスが多いかもしれません。それ自体は仕方のないことですが、ストレスに立ち向かう姿勢があれば、状況は違ってきます。妊娠中は、残業、研修などの付加的な業務をきっぱり断り、付き合いや旅行も控えめにしましょう。疲れてきたと感じたら、ペースを落とします。自分自身の疲労のサインを無視していると、自分と赤ちゃんにとっての深刻な問題を引き起こすことになるかもしれません。

計画

「備えあれ」。昔からボーイスカウトでは、このように言われてきました。今後どのようなことが自分の体に起きるのかしっかり学んでおけば、より安定した気分で妊娠中を過ごすことができます。妊娠と出産について書かれた本を読み、心の準備をしておきましょう。産休の取得や、妊婦健診、バースプラン（参照 → P.40）、ベビー用品の買い物や仕事の引継ぎも、数週間前に計画を立てておきます。

リラクセーション

ぬるめのお風呂につかることから呼吸法まで、リラクセーションには様々な方法があります。しかし、たっぷり時間の余裕がなければ、何をやっても楽しむことはできません。仕事から帰った途端に掃除機をかけてパーティ会場へ飛んでいったり、次から次へと電話をかけたりしていたら、リラックスするための時間など取れはしないでしょう。仕事をもっていると、自分のための時間を取るのはたやすいことではありません。しかし、妊娠中の体には、とても大切なことなのです。純粋に自分のために、ちょっとした心遣いをしてみましょう。それが自分のための時間となるからです。例えば、ゴー

ストレスを減らす

ジャスな雰囲気のバスオイルを買ってみたり、ラベンダーのように気分をリラックスさせるハーブを買ってデスクに置いてみてはいかがでしょう？ もしくは、デスクの引き出しに、ふんわりとしたショールを入れておき、休憩時間にそれで体を包み込むと、リラックスした気分になれるかもしれません。また、お昼休みにアロマテラピー・マッサージに行くのもよいでしょう。ただしその際は、妊娠中に使っても安全なオイルかどうか、確かめてください。

また、毎日軽い運動をする時間を作ることをおすすめします。運動は、必ずあなた自身と赤ちゃんのためになります。疲れを感じたときは約束をキャンセルできるよう、友人たちに断っておくことも大切です。

健康を保つ

これからの数ヶ月間、お腹の赤ちゃんの体重が増えていくにつれ、母体への負担も増し、疲れやすくなります。しかし体によくない食べ物ストレスを減らしましょう。具体的には、手助けを頼むべき時を知り、健康を保ち、リラックス法を学ぶことです。

を取りすぎて、不要な体重を増やさないよう充分気をつけてください。糖分や脂肪分の多い食べ物は体を疲れさせます。胎児の発育のためには、通常よりも多くカロリーを摂取しなければなりませんが、カロリーは無添加食品、野菜、果物から取るようにします。たまには「ごちそう」もいいでしょうが、「ごちそう」がメインの食生活はいただけません。

このような食生活に物足りなさをおぼえたときには、自分自身をもてなしてみてください。ただし、料理はヘルシーなものに限ります。オーガニック・ジュースをオフィスで飲んだり、いちご、パッションフルーツ、桃などのおいしい果物をつまむのはどうでしょう？ キッチンに立ちたくない気分のときは、パートナーに料理を頼んでみましょう。

13〜16週

妊娠4ヶ月目に入りましたので、流産の危険性は非常に少なくなりました。16週目の終わりごろには、お腹のふくらみも目立つようになるでしょう。ということは、同僚に妊娠したことを伝えてなくても、感づかれる可能性が大だということです。妊娠している女性の特殊な状況になじんでくると同時に、お腹に宿っている新しい生命に常に気持ちが向かっている自分に気付くことでしょう。妊婦健診や産休取得のことを、常に頭に入れておきましょう。

週数	日常生活での変化	医療ケア	食事
13–16	職場の同僚のことが気にかかり始めます。産後は仕事に復帰するかどうか、まだ決めらないという理由もありますし、復帰しても今ほど仕事に身が入らず、周囲に迷惑をかけるのではないか、という不安もあるでしょう。あなたをうらやんだり、ポストを奪おうと考える同僚もいるかもしれません。 職場の人々の大半は好意的でしょうが、あなたの妊娠によって、彼らがどのような影響を受けるのか、よく考えねばなりません。定期健診のための休暇や産休の取得については、できるだけきっぱりとした態度で申し入れ、自分自身の計画を変えたりすることのないようにしましょう。	染色体異常の危険度を判断する血清マーカー検査をすすめられるかもしれません。あなたが高齢（35歳以上）だったり、血液検査の結果によっては羊水穿刺による検査もすすめられることがあります。 胎児が成長して子宮が上方に押し広げられ、腸管の筋肉が緩むため、このころから、胸やけや消化不良を起こしやすくなります（参照→P.44）食事の量を減らして回数を増やし、眠るときは、枕を使いましょう。	今までよりもお腹がすくと感じていると思いますが、いたって正常な経過です。胎児の急速な成長に必要なエネルギーを供給するため、これまでよりも多く食べることが大切です。極端な空腹状態にならないように気をつけなくてはなりませんが、ジャンクフードの誘惑に負けないでください。 1日に栄養価の高い食事を少量ずつ、時間を決めてとりましょう。職場には、自分で用意した食事を持参するほうが、実行しやすくなります（参照 →P.12〜13）。

第1三半期　1 2 3 4 5 6 7 8 9 10 11 12　第2三半期　13 14 15 16 17 18 19 20 21 2

胎児の成長

16週になると手と足の指や鼻が完成します。体と比較してかなり頭が大きいのは相変わらずですが、神経細胞の数はすでに大人と同じです。16週の末には、身長が11.5センチほどになります。骨が強くなり始め、母親の声や心音を聞き取ることができるようになっています。親指をしゃぶったりもできるんですよ！

羊水穿刺とは、注射器を使って羊水15ミリリットル採取し、行う検査です。超音波映像で確かめながら注射針を刺します。

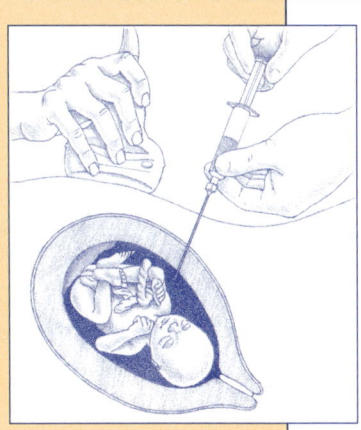

感情

3ヶ月目までに比べると精神的に安定して感情のコントロールがたやすくなります。妊娠を維持する黄体ホルモンの分泌も落ち着きました。多くの女性は、妊娠中期になると元気がわいて、気力が充実することに驚きます。

16～18週に、初めて胎動を感じるでしょう。赤ちゃんが動くと妊娠したという実感がわき、喜びと感動を経験すると思います。この、幸せに満ちた貴重な瞬間をパートナーと分かち合いましょう。

運動

引き続き軽い運動を毎日行います。水泳は筋力や持久力を高める効果があるのでおすすめです。水が体重を支え、ゆっくり、ゆったりとした動きを促してくれるため、筋肉や関節の負担が軽減されます。

スキーや乗馬など、もともと危険性の高いスポーツで事故を起こすと、胎児にとって非常に深刻な、もしくは生命にかかわる結果をもたらす可能性があることを充分心得ておいてください。これらのスポーツは、妊娠中避けるのがベストです。

洋服

第2三半期の間に6キロ程度体重が増えるでしょう。サイズの大きい服やフィット感のゆるやかな服を買いに行く時期です。職場の雰囲気に合い、なおかつ仕事で1日中着ていても楽なものでなくてはなりません。

お腹に暖房器具を抱えているみたいと思い始めたのでは？寒い季節でも、以前ほど着込む必要はないかもしれません。一方で、暑い季節なら、木綿の服がおすすめです。合成繊維のように、ベタベタ体にはりつくことがありません。

週数

13-16

母体血清マーカー検査

トリプルマーカー検査という名でも知られており、胎児にダウン症（右ページ参照）などの染色体異常がある確率が明らかになります。この検査にもっともふさわしいのは15〜17週です。現在では、ダブルマーカー、トリプルマーカー、トリプルプラスマーカーなど、様々な検査のタイプがあります。その違いは、1度に行う検査の回数と、使われる化学薬品の性質です。一般的には、検査に使われる薬品が多ければ多いほど、異常が発見されるケースが多いのですが、この検査の場合、種類によって結果に差が出ることはほとんどありません。脊椎披裂（椎骨の間隔が詰まっていないために、脊髄の一部もしくはすべてが、脊椎より突出している）のような一部の神経管の異常はこの検査によって発見されますが、症例自体、数多くありません。

羊水穿刺

通常は16週目に行われます。一般的には、ダウン症のような染色体異常の発見に利用されていますが、無脳症（胎児の脳の大部分と頭蓋骨の後部が発育していない場合に検査を行う）のような他の多くの先天的な異常の発見にも役立てられています。この検査は母親が高齢の場合や、他の検査（後頸部の超音波検査や、血清マーカー検査など）で再検査が必要という結果が出た場合に行われます。胎児が遺伝性疾患をもつ場合もあります。例えば、囊胞性

水泳は、運動として、またリラックスの手段として、妊娠中に素晴らしい効果を上げます。水が体重を支えてくれるからです。

線維症（肺や消化器官に不調をきたす伴性劣性遺伝病）や血友病（血液の凝固因子、専門的には第8因子と呼ばれるものが欠如するために起こる、男子だけに発症する伴性劣性遺伝病。体の内と外両方での出血が止まりにくい）が挙げられます。

羊水穿刺（せんし）の手順としては、超音波映像で、胎児と胎盤の位置を確かめてから、細い注射針を腹壁に刺していきます。羊水を15ミリリットルほど採取したら、針を抜いて検査に回し、羊水細胞を培養します。分裂を繰り返した細胞を分析するために2～3週間必要とするため、結果が出るまで時間がかかります。この検査による流産の危険性は1パーセント（もしくは1パーセントを若干下回る）です。検査結果が出て中絶を決意したとしても、妊娠19週近ければ、難しいと言わざるを得ません。しかし、もっと早い時期にこの検査を行うと、流産率が3～7パーセントにのぼり、また細胞培養に必要な羊水自体が少なく、再検査が必要になる場合があります。

この検査を受ける際は、パートナーなどに立ち会ってもらうのが一般的です。検査後は安静にし、終日ゆったりと過ごすようアドバイスを受けます。この検査が母体へ悪影響を及ぼすことはまずありませんが、検査後数時間、お腹が張る場合があります。万が一、腹痛がひどかったり、羊水が膣から漏れるような場合は、すぐに医師に連絡してください。

ダウン症候群

大半の例は、細胞中に余分な染色体が存在することが原因です。通常、細胞には23組（総数46本）の染色体が存在しますが、卵子と精子の細胞だけは染色体が23本です。ダウン症の大半は、受精後の細胞23組のうち、21組目の染色体が1本多いケースです。この21組目が、成長と機能に関する遺伝情報を変化させるため、ダウン症の赤ちゃんは特徴的な顔立ちになり、発育面で問題が生じます。異常が発見されても治療の手段はまだありません。800人に1人の割合でダウン症の赤ちゃんが誕生しており、母親が高齢になるほど、リスクが高くなります。

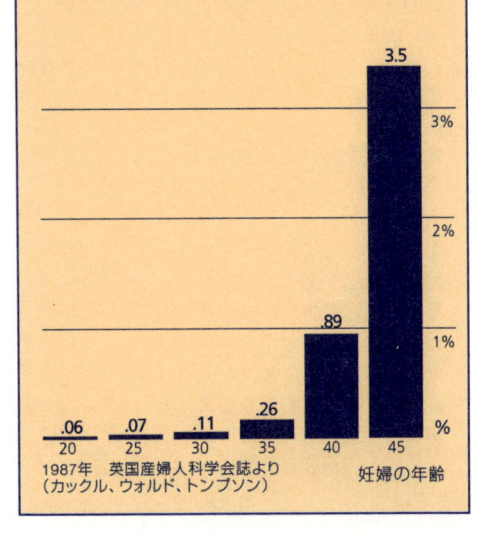

妊婦の年齢	20	25	30	35	40	45
%	.06	.07	.11	.26	.89	3.5

1987年 英国産婦人科学会誌より（カックル、ウォルド、トンプソン）

17〜21週

20週目で、妊娠期間も半ばを過ぎます。産休をいつ取得するか、もう決めているかもしれませんね。しかし、バースプランや、産後は仕事に復帰するのか、復帰するならいつからにするのか、という点についてもそろそろ結論を出す時期です。まだ、赤ちゃんが産まれると自分の気持ちがどのように変わるか想像がつかないでしょうが、仕事に対する結論を出すために、考慮しなければならない点がいくつもあります。母乳で育てたいか、今の仕事がどの程度きついか、また今の職場でパートタイムに替われるかどうか、などがその例です。会社に伝える前に、パートナーとじっくり話し合いましょう。

週数	日常生活での変化	医療ケア	食事
17–21	ベビーベッドやおむつ替えマットについて考えるのは少し早いように思えますが、この時期にどんなベビー用品があり、いくらくらいするものなのかリサーチしておきましょう。出産直前になってベビーショップをはしごするのでは、疲れてしまいます。 しかし、この時期に、商売熱心な店員にすすめられて、大量のベビー用品を買い込むのは考えものです。出産経験のある同僚に、絶対必要なものは何か、反対に、まったく使わなかったものは何か、尋ねて回りましょう。また、お古を貸してもらえないか、友達や知り合いの人に訊いてみましょう。	この時期に超音波検査があるはずです。胎児の発育状況を調べ、出産予定日を特定するのが、この検査の目的です。検査は、15分ほどで終わりますが、病院までの移動や待ち時間を考慮し、午前か午後いっぱい休みを取りましょう。 歯科検診を受けましょう。妊娠中は歯肉が柔らかくなるため、炎症を起こしやすくなります。国民健康保険指定の歯科医院なら、妊娠中と、産後1年間は無料で治療が受けられます。 （注 日本では有料である）	スリムな体型でも、産後は太ってしまうのではと心配している女性がいますが、心配ご無用。妊娠中に体重が増えても、ヘルシーな食生活を続けていれば、体型は少しずつ元に戻ります。 菜食主義の場合でも、妊娠中は食事に次のものを加えましょう。卵を週に4個と乳製品、そして大豆です。もし、徹底的な菜食主義者なら、ビタミンB12、カルシウム、ビタミンDを錠剤で取ります。

胎児の成長

21週で、赤ちゃんは身長18センチ、体重300グラムほどになります。また脂肪が増えてふっくらし、赤ちゃんの外分泌腺が、胎脂と呼ばれる蝋のような物質を分泌します。この胎脂は皮膚に膜を作り、羊水から胎児の肌を守ってくれます。あなたのお腹を触ったり、押したりすると、赤ちゃんが反応する時期です。赤ちゃんの肺や消化器は機能していますが、まだ発達は不充分です。

赤ちゃんの味覚が発達し、甘みと苦みの区別ができます。

この段階なら、超音波検査で赤ちゃんの性別がわかるかもしれません。

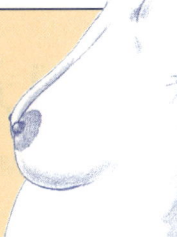

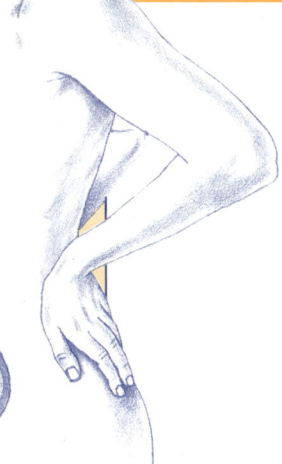

感情

妊娠中の女性は、自分の脳が機能をストップさせてしまったと、こぼすことがよくあります。集中力が続かず、忘れっぽくなるからです。仕事面では、能率が悪くなり調子が狂うでしょうが、落ち着いてください。脳細胞が死んでしまったわけではなく、今あなたの体内をめぐっているホルモンのせいなのです。

このような時期は、できるだけ仕事量を増やさないようにし、まめにメモを取り、仕事が充分こなせる時間を確保することです。出産から数週間で、元の状態に戻るでしょう。

運動

骨盤底筋は、子宮、膀胱、腸を支えています。そのため、胎児が大きくなるに連れ、この部分の筋肉には、大きな負担がかかってきます。骨盤底の筋肉を鍛え、これから起こりやすくなる腹圧性尿失禁(咳やくしゃみをした際の、わずかな尿もれ)を避けましょう。

骨盤底の筋肉を鍛えるために、トイレに入って用を足している途中に、尿を止めます。そのとき引き締めている部分こそ、鍛えなければならない筋肉なのです。気付いたらいつでも、鍛えましょう。引き締めたら、できるだけ長い間その状態を保ちます。

洋服

妊娠中は靴にも気を配ることが大切です。お腹の重みで体が不安定になりますし、体のバランスが変わるため、ハイヒールをはくと腰を痛める危険性があります。靴はローヒールか、ぺちゃんこのスリッポンにしましょう。デスクの下ですぐに脱げる靴が向いています。

妊娠後期になると足と足首がむくむので、ぴったりとした靴は買わないようにします。特に、暑い季節はむくみやすくなります。通勤時にはスニーカーをはくのもよいアイデアです。スニーカーなら、歩きやすく、パンプス等に比べて履き心地もはるかによいはずです。

週数

17–21

ワードローブ計画

通勤に何を着るかが悩みの種かもしれません。マタニティウェアに大枚をはたく必要はありませんが、仕事用に厳選したマタニティを数枚購入することをおすすめします。

現在では、黒いパンツやスーツ姿がオフィス・スタイルの定番になっているので、あなたもこのスタイルに合わせましょう。ストレッチ素材のパンツか、ウエストのサイズが調整できるダークカラーのマタニティ用のパンツを2枚購入します。これから太ももとお尻に脂肪がついてくるので、ロング丈のジャケットやニットジャケットも役立つアイテムです。自然素材でルーズフィットのシャツがあれば、必要に応じてスカーフやアクセサリーでドレスアップすることができます。ベタベタと体にはりつく合成繊維は、汗をかきやすく動きにくいため、避けましょう。

バースプラン

今日では、大多数の出産が病院で行われています（参照 →P.60）が、お産する場所がどこであろうと、出産の形態については選択肢が用意されています。この段階で考えておきたい選択も数多くあります。例を挙げましょう。水中分娩を望みますか？　体の自由が制限されることになっても、分娩監視装置をつけたいですか？　立ち会いには誰を希望しますか？　また、あなたのために喜んで立ち会ってくれるのは誰ですか？　無痛分娩を望みますか？　望むなら、どの程度でしょうか？　会陰切開（会陰部を開くために、はさみで切開する）は、絶対に嫌ですか？　自然分娩を望みますか（参照 →P.64）？　あなたが選んだ病院には、自然分娩が可能な設備があるかどうか、医師や助産婦に確かめてみてください。自宅での出産を望むなら、早めにかかりつけの医師や助産婦に相談する必要があります。

家事を誰にサポートしてもらうか、ということについても考えておかねばなりません。特に問題なのは産後数週間です。山のような家事を片づけてくれる協力者は不可欠です。パートナーや親族に頼むか、それとも有償の家事サービス（P.122～123）を利用するか、決めておかねばなりません。手配する前に、パートナーの意見を聞きましょう。

超音波検査

高周波音が、固体にぶつかると跳ね返ってくる原理を利用した無痛の検査です。超音波検査が妊娠中に用いられる理由は数多くあります。胎児の発育と発達状態が確かめられること、出産予定日の確定（22週以前に使われた場合）、脊椎の異常（脊椎披裂など）、骨や他の器官の異常の発見です。また、胎児と胎盤の子宮内での位置も確かめることができます。このような情報は分娩時のトラブルを避けるために、たいへん意味があります。また、多胎妊娠の場合も、不可欠な情報です。

妊婦健診では、18～22週に最初の超音波検査を行い、その後は妊娠中期と後期に何度かこの検査を行う場合が多いようです（妊娠初期の11週前後に出産予定日を確定する目的でこの検査を行う場合もあります）。ある特定の状況では、より頻繁に行われます。最初の超音波検査の際は、パートナーにも来てもらいましょう。画像に初めて映しだされる赤ちゃんを目にすることは、ふたりにとってかけがえのない瞬間になるはずです。

検査では、仰向けになるよう言われます。検査技師があなたのお腹にジェルかオイルを塗り、トランスデューサーと呼ばれる器具をお腹

の上で滑らせます。高周波が探知されると、画面に赤ちゃんの姿が現れます。最近の調査で、超音波は胎児に無害であることがわかりました。しかし、このような検査は制限したほうが無難です。

　現時点で、すでに、胎児の後頸部を計測する超音波診断を受けているかもしれません。この検査は妊娠11週目から受けられ、血液検査よりも早く胎児のリスクを知るために行われる特殊な超音波検査です（参照 →P.30）。

超音波映像で初めて赤ちゃんを目にする。それは素晴らしい瞬間であり、ぜひ赤ちゃんの父親とこの体験を共有することをおすすめします。

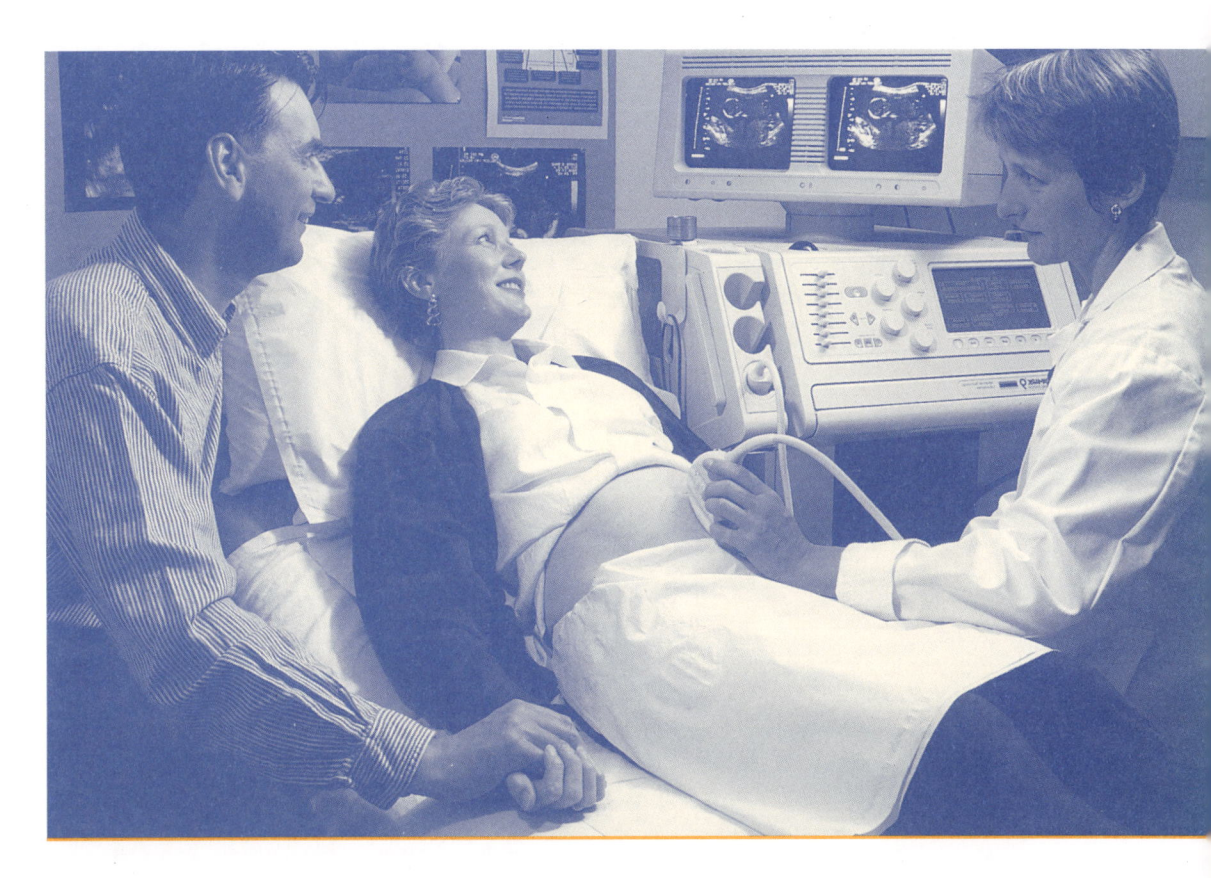

22〜27週

27週で妊娠6ヶ月目も無事終わると同時に、第3三半期が始まります。お腹のふくらみがかなり大きくなったと感じ始める時期ですが、一方で赤ちゃん誕生まで、まだまだ遠い道のりであるようにも思えます。職場では、ほかに妊娠中の女性がいない限り、孤立した気分に陥りがちですが、母親学級が始まることを楽しみにし、そちらに心を向けましょう。母親学級では、あなたと同じころに出産を迎える人たちと交流することができます。

週数	日常生活での変化	医療ケア	食事
22−27	仕事で車を運転する必要があったり、車で通勤しているなら、まだ続けてもかまいませんが、長い間運転席に腰掛けているのが苦しく感じることもあるのでは？ それに足首や足がむくみ始めていませんか？ トイレも近くなってきているので、運転するなら、休憩時間を充分取れるよう計画を立てましょう。車外に出てストレッチしたり、歩いたりして血行を促し、水分を取りましょう。 飛行機には、あと1〜2ヶ月程度は乗ってもかまいませんが、機内が与圧されていない軽飛行機は避けましょう。	妊娠中は便秘になりがちです。特に妊娠後期は便秘に悩まされるかもしれません。その理由は、腸の筋肉が妊娠による黄体ホルモンの増加に影響を受けるからです。黄体ホルモンは筋肉を弛緩させる役目を果たしますので腸の動きが緩やかになり、便が長く腸内に留まるため便が乾いて固くなるのです。フルタイムで働いていると、便秘は非常に厄介です。 2度目の妊婦健診を受ける時期です。	職場での昼食を、主にテイクアウトか食堂で取っていたり、レストランでビジネスランチを取ることが多いなら、それらの料理には塩分が多いことを知っておかねばなりません。ベークドビーンズや缶詰スープのような加工食品も同様です。塩の主成分である塩化ナトリウムを取りすぎると、体液が排出しにくくなり、むくみの原因になります。特に、手，脚，足首がむくみやすい場所です。 このようなトラブルを避けるために、調味料やスパイスが使われていない料理を選びましょう。よくわからないときは、メニューの中でもっともシンプルな料理を選べば間違いありません。

胎児の成長

27週で、胎児の身長は24センチ、体重は1000グラムほどになります。体も大きくなり、頭の大きさとの釣り合いが取れてきます。光と闇の区別がつき始め、目を閉じたり、開けたりするようになり、焦点を合わせる練習を始めます。呼吸のリズムがすっかり整い、肺胞の内面を覆う細胞を発達させて、子宮から外に出たときに、最初の肺呼吸をする準備をしています。羊水を飲み込んだときに、しゃっくりをすることもあるでしょうが、母親がそれを感じることはできません。

赤ちゃんの睡眠と覚醒のパターンが確立しました。皮膚も不透明になりました。

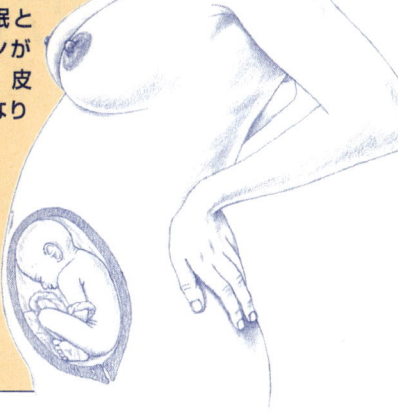

感情

お腹が大きくなるにつれ、自信が出てくる女性もいますが、大きく張り出したお腹を恥ずかしく感じたり、格好悪いと思う女性が大多数です。職場で、スーツやスカートをすっきり着こなしたスレンダーの同僚が、華やかなプライベートライフについての話に花を咲かせているような場に同席したとき、妊婦は特に強く、このような感情を抱くのではないでしょうか。

産後、体型が元に戻らないのでは、と心配しているかもしれません。体型のことをあまり気にかけないようにしましょう。お腹が大きいのは今だけです。大半の女性は産後、難なく元の体型に戻ります。

運動

デスクについて1日中仕事を続け、適切な休憩を取らないでいると、足首と脚がむくみ、こむらがえりを起こすかもしれません。座ったままでいると血行が悪くなることが原因です。

少なくとも1時間に1回は立ち上がり、歩く必要があります。座っていたり、電話で話したり、コンピュータの画面に向かっているときは、脚を床から少し持ち上げて、足首を曲げたり、右回り、左回りと交互に、宙で円を描いたりします。このような運動をすれば、こむらがえりを避けることができます。

洋服

妊娠後期の3ヶ月間は、マタニティガードルを着ける女性もいるようです。もし1日の大半が立ち仕事なら、このようなガードルを試してみる価値があります。ガードルは赤ちゃんの体重を支え、腰痛を軽減してくれるでしょう。

妊婦の大半は腰痛を経験します。妊娠すると重心が移動するため、背骨と骨盤の靱帯に無理がかかるからです。太ももをあまり強く締め付けるガードルでは、血行が悪くなってしまいますので、選ぶ際は注意してください（腰痛対策について、P.54に詳しく書いています）。

週数

22–27

第3三半期

3　24　25　26　27　28　29　30　31　32　33　34　35　36　37　38　39　40　週数

便秘対策

フルタイムで働いていると、便秘は特に厄介です。なぜなら、催しても職場のトイレに駆け込んだり、何度もトイレに入ったりすることが難しいからです。

便秘を避ける最良の方法は、繊維質の多い食事をすることです。毎日、果物や野菜をたっぷり取り、たくさん水を飲みましょう。会社のデスクには大型ボトルに入れた水を用意しておき、定期的に水分補給しましょう。下剤を飲む必要を感じたら、医師か薬剤師に相談してください。下剤の中には、妊娠中飲まないほうがよいものもあります。

消化不良と胸やけ

妊娠中の女性は、消化不良や胸やけに悩まされがちです。胃の入り口の筋肉が、他の部分の筋肉と同様、黄体ホルモンの増加によって緩むことが主な原因です。筋肉が緩むと、食道に胃酸が逆流して食道粘膜が刺激を受け、胸やけにつながります。また、食物が通過する速度が遅くなるため、消化不良の感覚が長引きます。消化不良と胸やけはたいへん不快なので、避ける努力をしましょう。

まず、高カロリー高脂肪の食品を避けることが大切です。レストランで食事をする際は、脂肪分の多いこってりしたソースをかけた料理でなく、シンプルに焼いた肉や魚料理を注文しましょう。もしくは、レモンやオリーブオイルをかけた、たっぷりとした量のサラダか野菜料理を選びましょう。生クリームを使ったプディングの代わりに、フルーツサラダを選びます。食事の楽しみがなくなると思われるかもしれませんが、このような食事なら消化不良に見舞われることもありません。高脂肪の料理は料理そのものに問題があるだけでなく、なかなか満腹感を感じさせません。夜遅くなってからたくさん食べるのは避けましょう。

インド、タイ、中華などのスパイシーな料理は、消化不良や胸やけのもとになるので、おすすめできません。これらの料理の辛みは胎児に何の害もありませんが、食べつけていないと、消化に時間がかかることがあります。

出産に備える

この時期、出産や母親になるという現実に気持ちが向かい始める女性が多くなります。すでに妊娠を6ヶ月経験してきましたが、妊娠と親になるということには、かなりの隔たりがあるように思えます。あなたは、妊娠が妊娠そのものに終わるという不思議な感覚で、自分自身の恐怖感を鎮めているのかもしれません。そしてある日、お腹の子が間もなく生まれてくるという現実に目覚めるのです。もう後戻りはできません。あなたは出産というドラマを経験しなければならないだけでなく、お腹の子が自分から独立し呼吸している人間となれば、その子の幸せのために責任をもたねばなりません。お腹にいる間から、たくさんの愛情を受けてきた赤ちゃんの誕生は、この上ない喜びのようでありながら、とてつもなく恐ろしいことでもあります。

「産みの苦しみを乗り越えられるだろうか？」 自分自身に問いかけてみてください。出産経験のある女性は、壮絶な難産の体験なら喜々として話すものですが、ごくありふれたお産だったら、ほとんどその体験を語ることもないでしょう。ごくありふれたお産とは、予約した時間に病院に出向き、陣痛が数時間続き、事前に申し出ていたとおり、痛みを軽減する処置を受け、やがて五体満足の元気な赤ち

ゃんが誕生、というような場合です。このような体験を語られても退屈きわまりないはずです。なぜなら、幸いにも、このようなお産が大半の経産婦の共通体験だからです。

　陣痛は競争ではありません。勝つことも、負けることもなく、それは単なる、終わりへの手段です。大半の女性にとって、陣痛とは波こそあれ、愛らしい赤ちゃんを一目見た瞬間に、忘れてしまうものです。出産を恐れないでください。あなたは、医療チームや立ち会い人に、必要なときは様々な手助けを頼むことができるのです。もし、特殊なバースプランを立てていたのに、実際は思いどおりに事が運ばなくても、理由はともあれ、慌てないことです。要するに、あなたと赤ちゃんが安全で元気なら、よしとしましょう。

　出産の際に心に留めておくべき、もっとも大切なことのひとつは、あなたはひとりではないということです。産後ですら、そこには多くの人がいます。あなたのパートナーや親族は、うれしさのあまり、あなたと赤ちゃんに実用的、精神的なサポートができないだけなのです。ですから、必要なときはいつでも遠慮せずに、助けを求めてください。

分娩時の担当医

今まで病院にほとんどお世話になったことがない、という人にとっては、病院は少々怖い場所かもしれません。制服や白衣を着た人たちのそれぞれの仕事は何なのか、悩んでしまうでしょう。健診で何度か産科医に会ったことがあるかもしれませんし、その医師は、あなたの分娩を担当する医師や看護婦、助産婦で構成するチームを率いているかもしれません。しかし、その医師があなたの出産を担当する可能性は低いでしょう。おそらく、上級職員や病院医のような少し下の階級の医師が、担当すると思います。

　妊婦健診の際、医学生が立ち会ってもよいかどうか、尋ねられることがありますが、好ましくなければ断ってもかまいません。しかし概して、妊婦健診を中心に行っているのは、資格をもった助産婦です。助産婦は、妊婦ケア、分娩、産褥ケアに関しては、あらゆる面で充分に訓練された専門家です。

陣痛を和らげるテクニック

母親学級で、ヴィジュアライゼーション・エクササイズについてのお話があったかもしれません。これはイメージを思い描くエクササイズで、陣痛時に痛みを逃す高い効果があります。今のうちから練習を始めておけば、出産までに充分時間をかけて、ヴィジュアライゼーションを会得し、スムーズに実行できるに違いありません。まずは、陣痛を、活発で力強いイメージと結びつける練習から始めます。波の間を泳いでいる自分や、山の峰を登っている自分の姿を想像し、この肉体的達成感を、楽しく力のみなぎる状態と結びつけて考えます。もし、痛みのネガティブな面に気持ちを集中させると、私たちの肉体は閉ざされ、緊張します。緊張は、痛みを強く感じさせるだけです。もし陣痛とは、あなたの肉体を閉ざすのではなく解放すること、しかも、力強く、積極的な解放だと考えることができれば、痛みは強く感じないでしょう。このような前向きの思考を反映するような音楽を探して繰り返し聴き、精神的な強さを獲得しましょう。そして、まさしくその時が来たら、分娩室でもこの音楽を流してもらうよう頼むことが大切です。

妊娠中の性生活

妊娠したら、出産まで禁欲し続けなければならない理由はどこにもありません。しかし、お腹のふくらみを圧迫しないよう、体位には工夫が必要です。挿入が嫌なときは、別の愛情表現の手段にトライしてみてもよいでしょう。

妊娠中は女性ホルモン、黄体ホルモン、卵胞ホルモンの量が通常よりもはるかに多く分泌されるため、多くの女性が性欲の高まりを感じます。それらのホルモンが体内を駆けめぐると、乳房や性器は、とても敏感になります。さらに、オーガズムに到達しやすくなると同時に、到達する回数も増します。また、多くの女性は、妊娠して始めて女性の体について知る機会を得ます。なぜなら、定期健診の際に、それまで訊かれたことがないような質問や検査を受け、結果的に女性の体の機能について正確な知識をもつのです。この知識は、抑制を失ったり、より性的な自由を謳歌することにつながりがちです。

しかしその一方で、妊娠中の性生活を拒絶してしまうという、正反対の反応を示す人もいます。どちらの反応も、またその中ほどの反応を示す多くの人も、すべて正常です。中には、妊娠して体型が変わったり、太ったりするにつれ、自分には性的な魅力がなくなったと感じ、自分の体を嫌う人もいます。また、男性の中には、パートナーのお腹に赤ちゃんが宿ってからというもの、パートナーの愛情が自分に向かわなくなり、性生活も変わったと感じている人もいます。多くのカップルは、お腹の赤ちゃんに害があるのではと性行為を恐れますが、その心配はまったくありません。あなたがどのような反応を示すにせよ、妊娠とは変化の時であり、それはあなたにとっての心身の変化だけでなく、パートナーにとっての変化でもあります。ですから、お互いの中でのあらゆる変化が、パートナーシップに変化をもたらすのです。お腹の中の新しい生命の遺伝子を自分はパートナーと共有しているのだと気付けば、お互い気持ちも変わってくるはずです。このような変化は、性的な面だけでなく、生活すべての面において、相手へのアプローチに影響を与えます。

私たちはいつも様々なメディアによって、完ぺきなセックスという概念を植え付けられています。しかし、完ぺきということ自体まれですし、妊娠中に完ぺきさを目指し、成し遂げようとするのには無理があります。妊娠期間は、人生のほんの一時期に過ぎません。たとえ何らかの問題があっても、我慢しましょう。大切なのは、自分の気持ちを語り合うことであり、相手の性欲の変化を尊重することです。セックスが嫌ならば、勇気をもってそう伝え、代わりに触れ合う機会を増やせばいいのです。抱きあったり愛撫したりと、肉体的でなくても、官能的に気分を満足させるのです。挿入をともなうセックスでなくても、愛情を確かめ合う方法はいくらでもあります。

セックスを避けるべき時

セックスを控えなければならない場合は、医師からそのような忠告があるはずですが、次のような場合は、注意が必要です。出血したとき、妊娠3ヶ月までに流産した経験がある場合、また前置胎盤（通常は子宮の上部にくっついている胎盤が、下部に着いている場合）と診断されている場合です。破水したら、赤ちゃんが感染症にかかる危険性があるので、セックスできません。多胎妊娠の場合や、早産の経験がある場合は、妊娠8ヶ月以降は避けたほうが無難です。

赤ちゃんは安全

性衝動がどうであれ、胎児が大きくなるにつれ、体位には工夫が必要になってきます。妊娠すると、正常位では女性が苦しくなってしまいます。どのような体位を試すにしても、リラックスし、気分を解放することが大切です。

　性行為が、赤ちゃんに悪影響を及ぼすと心配されるかもしれませんが、まったく心配はいりません。胎児は羊膜で保護されており、羊膜の中では羊水がクッションとなって衝撃から守ってくれます。羊膜はたいへんに強靱で、極端な状況でない限り破裂することはありません。子宮頸官も粘液が栓となって閉じられ、子宮や羊膜に病原菌が入り込むのを防ぎます。もし羊膜が破れ、粘液の栓が外れたら、感染の可能性もありますが、そのときには分娩の初期段階に入っています。また、オーガズムによる子宮の収縮は、順調な妊娠の場合、何の問題もありませんし、妊娠後期では、子宮収縮を促すので、むしろ役に立つほどです（オーガズムが出産を引き起こすわけではありません。分娩開始のときなら話は別ですが）。

　妊娠中の性生活について、どのような結論を出すにせよ、自分の気持ちに敏感になり、パートナーの態度にプレッシャーを感じないようにしましょう。自分の感情を、常にパートナーに伝え、思いを共有することが大切です。

セックスとやさしい抱擁のどちらを求めるにしても、お腹で赤ちゃんを育んでいる間は、パートナーと、心だけでなく体も寄り添っていることが大切です。

28〜30週

希望すれば産休が取れる段階に入りました。早めに産休に入る女性は少数派かもしれませんが、仕事を休むちょうどよい時期であることは確かです。まだ仕事を続けると決めたなら、充分体調に気をつける必要があります。腰痛、倦怠感、消化不良などの症状がより頻繁に起こるでしょうし、出産が近付くに連れ、通勤で疲れやすくなります。

週数	日常生活での変化	医療ケア	食事
28-30	家族や同僚にかなり手助けしてもらったり、気づかってもらう必要が出てきます。普段人を頼らないタイプの人は、フラストレーションを感じるでしょうが、周囲の助けをすべて受け入れましょう。例えば、電車で席を譲られたら、ありがたく受けましょう。 また、重い荷物を持ち上げる仕事は、人に頼みましょう。大量の書類の束を自宅に持ち帰らないようにします。買い物も、自分自身で選びたいという気持ちがあっても、人に頼みましょう。また家事の量も、最小限に減らします。この時期からは、休息をとらなければなりません。	妊婦健診が2週間に1度になります。 尿路感染症である膀胱炎に妊娠中はかかりやすくなります。ふくらんだ子宮が膀胱と尿道を圧迫するためです。膀胱炎の症状は、排尿時のひりひりとした痛みや、残尿感です。膀胱炎の予防法にもいくつかありますが、水分をよく取ることが大切です。特にクランベリー・ジュースが効果的です。また、尿意を催したら、すぐにトイレに行きましょう。	夜遅くにお腹がすくようになるでしょうが、ボリュームのある夜食を食べるのはよくありません。その理由は、ひどい消化不良をおこして、眠れない夜を過ごすはめになるからです。しかし、夕食が軽めならば、就寝前の軽食でリラックスでき、よく眠れるでしょう。軽食メニューとしておすすめなのは、バナナのサンドウィッチ、ビスケットとホットミルク、マーマイトを塗ったトーストやシリアルです。 軽食程度でも消化不良を起こしてしまうなら、眠りを誘う環境を整え、低脂肪の食事を少しだけ取りましょう（消化不良を起こしたときの対策については、P.44をご覧ください）。

胎児の成長

30週までに、胎児の身長は26.5センチ、体重は1400グラム程度になります。まだ、出生時の体重の半分ほどに過ぎませんが、このころから、体重が急速に増えていきます。これまでは脳の表面が滑らかでしたが、大人の脳のように溝を刻み始めています。溝ができると、脳の表面積が増える結果になります。すでに、まゆげやまつげ、髪の毛も生えている時期ですが、毛の生え具合に関してはかなり個人差があります。

毎日、赤ちゃんは、羊水に1リットルのおしっこをします。

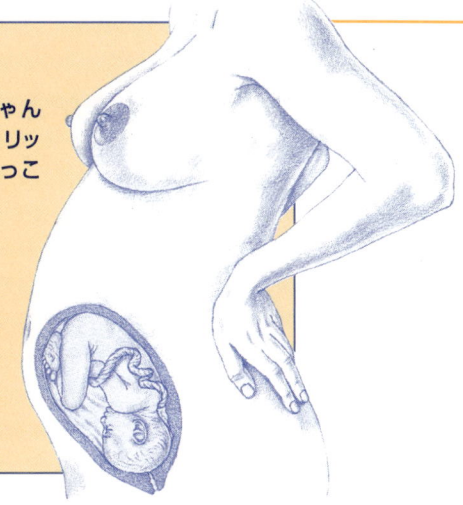

感情

妊娠半ばの穏やかな3ヶ月が過ぎると、再び気分の揺れがみられます。主たる原因は妊娠ホルモンですが、疲労や出産が近付く不安感も関係しています。エネルギーを消耗する仕事の場合は特にそうですが、気短かになったり涙もろくなったりするのも、ごく普通のことです。

自分がイライラしたり、動揺していると感じたら、気分を落ち着かせるために、ひと休みしましょう。食事が不規則だといらだちやすくなるので、時間を決めて軽い食事を取ります。あなたの今の心の状態をパートナーに話しておけば、あなたの気分の揺らぎにも理解を示してくれるでしょう。

運動

運動とは、体を丈夫にしたり鍛えるのと同様、自分の体を知り、リラックスの仕方を学ぶこととも多いに関連があります。睡眠に関しては、特にそう言えるでしょう。よく眠れないという問題を抱えているかもしれません。それは、もはや心地よい寝姿勢がみつからないからです。

睡眠薬は、たとえ漢方薬であろうと飲むべきではありません。また、極端な状況の場合でも、医師に相談することなく飲んではいけません。胎児に影響があるからです。(参照 →P.51)。

洋服

妊娠中は膣の分泌物が増えるため、大半の女性はおりものを経験しますが、心配はいりません。ただし、おりものに血が混じっていたり、強い匂いがする場合、またはおりものに伴って、外陰部にかゆみ、痛み、赤みが生じた場合は、受診しましょう。

おりものの量が増えてきたら、下着に専用のライナーをつけて出かけ、会社でも取り替えることをおすすめします。タンポンや防臭剤は、感染症や炎症のもとになるので、妊娠中は使えません。

週数

28-30

リラックス法を学ぶ

妊娠後期になると、リラクセーションが不可欠です。これは、分娩の際に役立つだけでなく、1日の仕事を終えたあとに、疲れた筋肉を休める方法でもあります。ですから、帰宅したらリラックスするために30分ほど時間を取りましょう。横向きに寝ころんで、脚と腕を心地よく曲げます。もしくは、座り心地のよいイスに腰掛け、目を閉じて、自分の体に注意を向けます。まずは、脚です。ゆっくりと筋肉に力を入れたら、力を抜きます。筋肉に力を入れて、抜くというこの動きを、筋肉のまとまりごとに、体の下のほうから、上に向かって行っていきます。力を入れている筋肉の部分に注意を向けて行うようにします。

　パートナーや友達にマッサージをしてもらうのもおすすめです。体のどの部分でも、マッサージをすれば緊張がほぐれ、血行がよくなります。また6ヶ月ごろからは、母親のお腹を軽く叩くと胎児に伝わり、胎児を落ち着か

赤ちゃんが成長するに連れ、あなたの体にかかる負担は増す一方です。帰宅したら、体の痛みを和らげる方法をみつけましょう。

せる効果があります。アロマテラピーに使うエッセンシャル・オイルを選び、あっさりとした植物油を足して1.5パーセントに薄めます。ラベンダーやバラのオイルは妊娠6ヶ月以降に向きますが、エッセンシャル・オイルの中には、生理の出血を誘発したり、胎児に悪影響を及ぼす可能性があり、妊娠中はおすすめできない種類が多くあります。オイルを使うときは、必ず専門家に確認してください。

アーモンド・オイルのような無香のオイルを試してみてもよいでしょう。香りがないのでエッセンシャル・オイルのような効果はありませんが、安全です。

心地よい眠りのために

横向きに寝ましょう。お腹が大きくなると、仰向けやうつぶせでは、よく眠れません。部屋が暑いと眠りの妨げとなるので、換気をよくし、寝具が重すぎないか、確かめましょう。もし、あなたがよく眠れないために、パートナーの眠りも妨げてしまいそうなら、別の部屋で休んでもらうよう、提案しましょう。

皮膚のトラブル

妊娠線が、お腹、胸、お尻、太ももに出ることがあります。妊娠中は、線の色が濃い茶色か紫なので目立ちますが、産後は薄くなり、目立たない銀色になります。ただ、完全に消えることはありません。妊娠線が出るかどうかを予測することはできませんが、年齢、皮膚の状態、健康状態、体の大きさや妊娠中に増えた体重が、すべて妊娠線の出る要因となります。さらりとしたクリーム（即効性をもつ成分が含まれていないもの）か、ごく普通の植物油を毎日お腹につけてマッサージし、皮膚を柔軟に保ちましょう。これで妊娠線が防げる保証はありませんが、皮膚の伸びに対して、最適のコンディションを保てるはずです。

皮膚のかゆみもよくある症状です。特に皮膚が伸びると、お腹がかゆくなります。汗ばむ季節や皮膚の呼吸を妨げる合成繊維の服を着ているときには、かゆみをいっそう強く感じます。皮膚を清潔にしてから、カラミン・ローションや、べとつかないクリームやオイルを塗るとよいでしょう。香りの強い石けんやバスオイルは、使わないようにします。かゆみがあまりにも強かったり、広がってきた場合は、医師に相談します。強いかゆみから始まる、妊娠性反復性肝内胆汁鬱滞と呼ばれる肝臓病があり、放置すると、深刻な事態を引き起こすことがあります。

妊娠中は、皮膚が様々に変化します。妊娠中の女性の多くが、つやのある美しい肌をしているのは、ホルモンの変化によるものです。このホルモンは肌を柔らかく滑らかにし、にきびを減らします。しかし、顔や体に、部分的に小さく毛細血管が浮き出たり、褐色斑とよばれるしみが出る場合があります。どちらも産後に消えてしまいます。かぶれも心配です。大きくなった乳房の下にできたり、体重が増えて股ずれを起こした太ももの間のかぶれは特に問題です。1日中デスクワークをしていて、動き回ることがない場合はなおさらです。いつも皮膚を清潔に保ち、皮膚のトラブルに気付いたら、カラミン・ローションや無香のタルカム・パウダーで手入れし、悪化させないよう気を付けましょう。

31〜33週

出産直前まで仕事を続けるにしても、そろそろ産休に備えて仕事の引継ぎ準備を始めねばならないでしょう。おそらく、あなたの目下の関心事はお腹の赤ちゃんであり、実際、赤ちゃんのことが常に気になるほど、お腹が大きくなっているはずです。しかし、仕事から離れるのを不安に思う女性もいます。あなたの仕事を引き継ぐ人が、あまりにそつなく仕事をこなせば、誰もあなたの復帰を望まないのではという不安に襲われているのです。それでも、デスクを片づけ、自信をもって会社を出ましょう。なんといっても、これはあなたの人生最大の冒険なのですから！

週数	日常生活での変化	医療ケア	食事
31–33	飛行機での移動はおすすめできませんが、航空会社によっては、医師の診断書があれば36週までの妊婦の搭乗が認められています。 飛行機の座席は狭苦しいうえに、シートベルトを締めねばなりません。機内には再循環させた空気が流れて乾燥しており、乱気流の心配もあります。妊婦には快適な環境ではありません。また、万が一外国でお産が始まったら、これまであなたが何ヶ月もかけて築きあげた、お産のサポート・スタッフから遠く離れてしまいます。これからは、自宅と病院から45分以上かかる場所へ出かけないようにするのが最善の方法です。	もし、母親学級にまだ参加していないなら、31週までに、週1度のペースで受講を始めましょう。パートナーにも、一緒に参加してもらいましょう（参照 →P.17）。 乳房が大きくなります。また乳首は、黒ずんだり、乳首の腺からの油性分泌物によって、光沢が増すでしょう。ほんのわずかに初乳が漏れることもあります。母乳をあげる準備として、乳首を石けんで洗わないようにし、よく乾燥させ、油分の多いクリームやボディローションでマッサージしておきます。	食料品ではないものを食べたいという強い願望は、異味症と呼ばれ、この症状が妊娠後期に起こることがあります。例えば、女性は土や炭を食べたがることが知られています。これは、ビタミンやミネラル不足に対する肉体の反応だと言われており、女性の食生活が豊かになった現在では減ってきています。 アイスクリームやピクルスなどのごく普通の食品を、ひどく欲しがる女性も、異常ではありませんし、ある食べ物に執着しても、節度をもてば問題ありません。ただし、食べ過ぎないよう気をつけましょう。

第1三半期　1 2 3 4 5 6 7 8 9 10 11 12　第2三半期　13 14 15 16 17 18 19 20 21

胎児の成長

33週までに、胎児の身長は31センチ、体重は2000グラムほどになります。胎児が位置を変え、通常は頭を下にした状態（頭位）になっているはずです。胎児は、出産までこの状態を保ちます（頭位になっていなかったら、超音波検査で指摘されるでしょう。でもあまり心配しないでください。位置を変えるのが遅い赤ちゃんもいます）。顔はふっくらとし、しわが減ります。もし、この時期に赤ちゃんが産まれてしまったとしても、今では非常に高い確率で元気に育てることができます。ただ、肺の機能が充分発達しておらず、また自分で体温調整ができないため、保育器内で育てることになります。

胎児には、胎盤を通じて酸素が送り込まれ、胎児の体をめぐった血液は再び母親へと戻っていきます。

右図
― 酸素が供給された血液
━ 酸素が抜けた血液
┅ 混合の血液

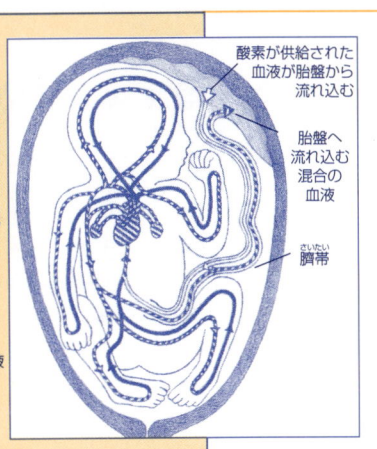

酸素が供給された血液が胎盤から流れ込む
胎盤へ流れ込む混合の血液
臍帯（さいたい）

感情

仕事を休み、自宅で過ごすという日常生活の変化に最初は慣れないかもしれません。赤ちゃんの部屋を準備するのに忙しい反面、お産の始まりを待つ日々は、時間を持て余し気味です。同僚の顔が見られないことを寂しく思ったり、仕事のスケジュールのない生活に、もの足りなさもおぼえるでしょう。パートナーとの関係に以前よりも依存している自分に気付くかもしれません。

母親学級で、近所に住んでいる女性たちと知り合ったら、集まって情報交換しましょうと、提案してみてください。また、赤ちゃんのいる友達や親戚に会うのもよいでしょう。

運動

妊娠してから、特に決まった運動をしてこなかったのなら、この段階になって始めるのはよくありません。散歩を日課にしましょう。運動を続けてきた人も、運動量を減らす必要を感じているかもしれません。なぜなら、胎児の成長が著しいため、母体の筋肉にかかる負担が増しているからです。

この時期になると、腹圧による尿失禁に悩まされる場合があります。今からでも、骨盤底筋を鍛えるエクササイズを始めてください。時々、尿が漏れることがあるなら、生理用ナプキンを着けましょう。

洋服

かなり体重が増えているため、脚に痛みが出ているかもしれません。そのような場合は、サポートタイツを履くと効果があります。脚が痛くなり始めたり、むくみ始めたりする前、つまり1日のうちの早い時間帯に履いておくと、かなり調子よく過ごせますし、血行もよくなります。特に、静脈瘤（りゅう）（参照 →P.54）が出やすい方には、サポートタイツがおすすめです。

週数

31–33

第3三半期
23 24 25 26 | 27 28 29 30 | **31 32 33** | 34 35 36 37 38 39 40　週数

静脈瘤
りゅう

妊娠後期になると、程度の差こそあれ、静脈瘤は非常によく見られる症状です。特に、家族に静脈瘤ができる人がいたり、立っている時間が非常に長い場合、また高齢出産や、身長に対する体重増加の割合が多いと静脈瘤が出やすくなります。大きくなった子宮の圧迫により、下半身の血液循環が悪くなり、脚の静脈で血液が停滞するのが原因です。この静脈はやがてうっ血し、血管の壁が弱くなって膨張するのです。

静脈瘤ができたら、サポートタイツを履き、あまり長時間立ち続けないようにしましょう。同じ姿勢で座り続けていたり、脚を組むのもよくありません。できれば座っている間に、時々脚を上げて、血液の循環をよくしましょう。

一般的に、フィット感の強い服装は血行を悪くするため、体がむくみやすなります。例えば指輪、ぴったりとした袖やソックス、ゴムがきつめのショーツなどに、気をつけましょう。もし手や足、顔が急に腫れぼったく、むくんだ感じになったら、診察を受けてください。子癇前症の兆候かもしれません（子癇についての詳細は、P.31をご覧ください）。

腰痛

ほとんどの妊婦が腰痛を経験します。胎児の重みによって、腰椎の椎骨を隔て、クッションの役目をしている椎間板が圧迫されるためです。特に、長時間立ったり、座ったりしていると起こりやすくなります。日中はできるだけ動き回るようにし、横向きに寝たり、四つんばいになって、背中を平らに伸ばし（くぼませないように注意）、定期的に脊椎を休ませると効果があります。長時間座っていなければならないなら、小さなクッションで背骨をしっかりサポートするよう気をつけます。

悪い姿勢も腰痛の原因です。筋肉はすべて相互関係にあるため、丸まった肩、弱い腹筋、首や顎の緊張なども腰痛につながります。妊娠してお腹や胸が大きくなり、体重も増えて体の重心が変わることも、腰痛を助長します。妊娠中は姿勢に充分注意しなければなりません。体重が増えるにつれ、妊婦はお腹を突きだし、背中を反らせた姿勢を取りがちです。このような姿勢はひどい腰痛を引き起こすでしょうし、妊娠中だからといって、このようなお腹を誇張する、ぎくしゃくとした動きをする必要はありません。見えない糸が頭頂から伸び、体が引き上げられているようなイメージでまっすぐに立つ練習をしましょう。肩の力を抜き、腹筋を強くし、首と顎の緊張をほぐしましょう（P.71にエクササイズが紹介されています）。

右：背筋を伸ばした正しい姿勢を保ち、背中を丸めて座らないようにします。──腰痛予防のためです。

第1三半期												第2三半期									
1	2	3	4	5	6	7	8	9	10	11	12	13	14	15	16	17	18	19	20	21	2

31〜33週　55

第3三半期																
3	24	25	26	27	28	29	30	31	32	33	34	35	36	37	38	39	40	週数

34～36週

出産の日が近付いてきました。36週になれば、残すはあと4週のみです。このころになると胎児が下がってきて、骨盤に頭を入れた格好になって分娩に備えます。そのため、それまでは胸のすぐ下にあったお腹のふくらみの位置が下がり、呼吸が楽になったと感じるでしょう。しかし赤ちゃんがあなたの膀胱をより圧迫することになるため、トイレが近くなり、夜もぐっすり眠れません。
夜よく眠れないなら、日中にできるだけ充分な休息を取りましょう。

週数	日常生活での変化	医療ケア	食事
34-36	これからは、いつお産が始まってもおかしくないので、入院用品を準備しておきます（P.58に、入院用品のリストが出ています）。 まだ仕事を続けているなら、職場で産気づいても誰かに入院用の荷物をもってきてもらえるよう、しっかり準備を整えておく必要があります。この時期になると、会社の同僚は、会社にいる間にあなたのお産が始まったらどうしようと、おびえた目であなたをみつめていることでしょう。	36週からは、妊婦健診が週に1度になります。医師や助産婦は、胎児が出産に向けて最適の位置にいるかどうか確認します。 もし胎児の足やお尻が下になっていたり（逆子）、母親のお腹に対して横たわっている（横位）場合、医療スタッフがもうしばらく、慎重に経過観察しますが、帝王切開になる可能性もあります（参照 →P.58～59）。	少量の食事を何度も取ることが大切です。消化不良や胸やけの予防になりますし、出産や産褥期に備え体力を蓄えるために相応のカロリーを取る必要があるからです。 料理をする気分にはならないと思うので、サラダや簡単な野菜料理、焼くだけの肉、魚料理など、準備に手間がかからないメニューにしましょう。もしパートナーがもっと手の込んだ料理を望んだら、彼に作ってもらいましょう。

第1三半期　1　2　3　4　5　6　7　8　9　10　11　12　第2三半期　13　14　15　16　17　18　19　20　21　22

34〜36週

この時期の胎児

36週で、胎児の頭頂からつま先までの長さは約46センチ、体重は2750グラムです。体重の増加が著しく、1週間で約250グラムずつ増えていきます。身長は正産期の赤ちゃんとほぼ同じですが、腕や脚は、まだかなり細い状態です。胎児の皮膚を覆い、水をはじく役目をする胎脂や産毛は、すでにほとんどなくなっています。手の爪は指先まで伸び、目の色が青くなっています。

この時期になると胎児はあまり動きません。手足を伸ばすスペースがないからです。

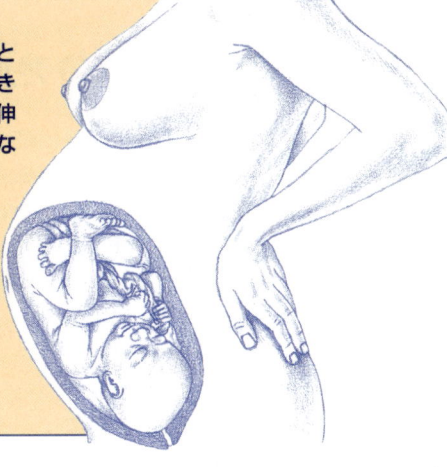

感情

あなた自身、感情の起伏が激しい時期でしょうが、パートナーのほうはどうでしょう？ 男性は大きなお腹を抱えた妻に圧倒され、自分はどうすればいいのか途方にくれるものです。妻の感情の揺れが理解できず、自分のせいなのかと考えたり、出産が怖く、パートナーが痛がる姿を見たくないとも思っています。さらに、これまでの気楽な暮らしから、一家の大黒柱となって家族を支える責任感が、彼の肩に重くのしかかっています。

あなたは自分自身の体と妊娠という大事件に完全に気を取られているでしょうが、実はパートナーもまた、ナーバスな状態になっているのです。

運動

出産まであと数週間という段階では、歩くことが主な運動となります。産休に入ったら、毎日自分自身にギアを入れる必要もないのですから、家の中で心からくつろぎ、努力という努力は、もっとも基本的なものでもやめてしまいましょう。

軽い運動を取り入れて、体力と体のしなやかさを保ち、お産に備えます。ソフトなストレッチやリラックス法、散歩や水泳がおすすめです。どのような運動を行う場合でも、あなた体の酸素消費力を弱めたり、筋肉を使いすぎてこわばらせたりしてはいけません。

洋服

母乳で育てると決めているなら、産後ほんの数週間だけだとしても、少なくとも授乳用のブラジャーが2枚は必要になります。このブラは、出産直前にも着けられます。フロントホックで、カップの開閉が簡単なものを選びましょう。出産後は、母乳漏れを防ぐ使い捨てのパッドも必要です。

新生児のおむつと産着は、病院側で用意している場合もあるので確認が必要ですが、退院時に着せるベビー服は必ず用意しておきましょう。

週数

34−36

第3三半期
3 24 25 26 27 28 29 30 31 32 33 **34 35 36** 37 38 39 40 週数

入院のための荷造り

入院用品を荷造りする前に、必要なものを思いついたとき、いつでも書き加えられるよう、リストを作っておくのはよいアイディアです。早めに準備を整えておけば、おもいがけずお産が早まっても慌てずにすみます。何を用意すればいいのか、ご参考までに必要と思われるものを挙げてみます。

分娩時に着用する古いTシャツとゆるめのソックス、浴用タオルかスポンジ、リップクリーム、顔に冷水をスプレーするためのスプレーボトル、分娩までに時間がかかる場合に読めるような雑誌や本、無添加のスナックやジュース。授乳しやすい前開きのナイティ2枚、授乳用ブラ2枚と使い捨てパッド、予備の枕、ソフトタッチのトイレットペーパー、産後数日間は悪露と呼ばれる出血があるため、厚いパッドとショーツは、たくさん必要です。ガウン、スリッパ、シャンプーなどの洗面・洗髪用品、化粧品類。電話用に小銭かテレホンカード、出産をできるだけ早く伝えたい人たちの電話番号リスト。退院して帰宅するまでに、車にベビーシートを着けておくこともお忘れなく。

医療の介入

分娩時に通常行われる痛みの軽減と同様(参照 →P.67)、必要に応じて医療処置が施されます。

帝王切開

これは、腹壁を切開して赤ちゃんを取り出す方法です。この手術では、硬膜外麻酔や脊髄神経麻酔、また時には全身麻酔も使われます。待機と緊急、どちらの場合もあります。待機手術とは妊娠中のある時期に、経膣分娩が適当でないと医師が判断を下す場合で、緊急手

帝王切開に至る医療上の理由とは?

- 胎児が大き過ぎるか、母親の骨盤が小さく、サイズが合わない場合(児頭骨盤不均衡)。このケースでは、事前に正確に判断するのが非常に難しいため、分娩時に急きょ帝王切開することが決まります。
- 骨盤位や横位など胎児の位置異常があり、出産までに胎児の向きが変わらなかった場合。
- 分娩が長引くなど、胎児が危険な場合。
- 胎盤が産道をふさいでいる場合(前置胎盤)。
- 臍帯が胎児の頭よりも先に産道に入ってしまった場合。臍帯が圧迫され、胎児へ血液が供給されなくなる危険性があります。
- 帝王切開の経験があると、普通分娩中に子宮が裂ける危険性があります。しかし今日では、多くの産科医がこの理由で帝王切開するのは時代遅れと考えていますので、2度目のお産も必ずしも帝王切開せねばならないわけではありません。帝王切開の経験があり、今回は経膣分娩を希望するなら、医師に相談してみてください。

赤ちゃんが逆子だと、帝王切開が必要かもしれません。

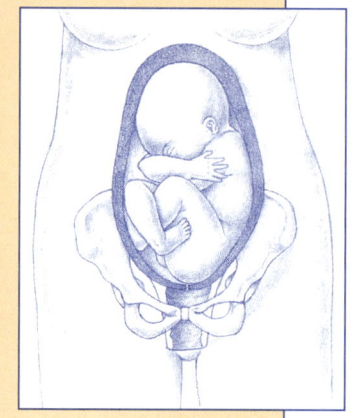

術とは、分娩時に、母体もしくは赤ちゃんに問題があるため、急きょ行われる手術です。

　帝王切開は技術的に複雑でなく、数も多い手術ですが、外科手術で考えられるすべてのリスクが、帝王切開にもつきまといます。例えば手術後の感染、傷の痛みや出血、また膀胱や直腸など他の器官を傷つける可能性もあります。帝王切開の場合、経膣分娩よりも回復までにかなり時間がかり、手術後の回復を待つ間、新生児の世話をどうするかという問題も生じます。

　過去30年に、数多くの帝王切開が行われ、待機、緊急のどちらの手術も、先進国では劇的に数が増えました。これも、超音波検査と妊婦検診の充実のおかげですが、昔よりも栄養状態がよくなり、妊婦の喫煙率が下がったために、大きな赤ちゃんの出産が増えているのも事実です。しかし、要因はこれだけではありません。時間に追われた生活をしている患者（や医師）が、出産を自分のスケジュールに組み込もうと、帝王切開の利便性を好むようになったからです。出産そのものに不安を感じるのと同様に、経膣分娩の結果、自分の性的魅力が減少するのではないかと心配する人も多いようです。このようなことは必ずしも心配に値せず、また帝王切開を選ぶにふさわしい理由ではありません。もし医師にすすめられても、承諾する前に妥当な医療上の理由を確かめましょう。

硬膜外麻酔

脊髄を取り巻く硬膜の外側の、硬膜外腔に局所麻酔を打つ方法です。まず背骨の腰部に局所麻酔を打って麻痺させてから、中空の針を硬膜外腔に達するまで入れます。この針を通して、麻酔剤を注入する細いプラスチックのカテーテルを入れていき、必要に応じて麻酔剤を追加します。硬膜外麻酔によって、下半身の感覚が麻痺し、意識を失うことなく、痛みを和らげることができます。

　この麻酔のマイナス面として、血圧の低下が挙げられます。血圧が下がると、胎児への血液供給に問題が出てきますし、分娩第2期の子宮収縮が弱くなるため、鉗子分娩になる可能性があります。また麻酔の副作用による頭痛や腰痛、注射部位の痛みを経験することもあります。

脊髄ブロック

硬膜外よりも、注射針を深く刺す麻酔法を脊髄ブロックと言います。麻酔の効き目が迅速で、苦痛を和らげる効果が非常に高いため、帝王切開にもっともすすめられる技術です。

出産場所を選ぶ

最近では、特に初産の場合、病院で出産するのが一般的になっています。英国では、全出産数の95パーセント以上が病院出産です。しかし、どこで出産するか、誰が立ち会うか、どのような監視装置を使いたいかという点に関しては、様々な選択肢があります。あなたがある特定の形の出産にこだわるなら、できるだけ早く助産婦に相談するとよいでしょう。

病院出産

病院を出産場所として選んだなら、お産と産褥ケアを選ぶことができるので、自分の望むケアをしてくれる病院を選びましょう。自宅から離れた病院をあえて選ぶのもどうかと思いますが、自宅にもっとも近い病院があなたに最適とは限りません。自然分娩を望むなら、あなたのこのような希望に嫌な顔をする病院は、避けることです。水中出産を望むなら、この出産方法を専門的に行っている病院を選ぶべきでしょう。水中出産専用の施設はないものの、プールの持ち込みができる病院もあります。

自宅近辺の病院に関して、陣痛促進剤、麻酔、分娩監視装置使用の有無やパートナーの立ち会いなどについての方針を調べてみることをおすすめします。また産科病棟を見学に行き、もっとも雰囲気のよかった病院を選びましょう。判断基準は色々あります。あなたは大規模な総合病院よりも、こじんまりとした個人病院の雰囲気のほうが好みかもしれません。ある特定の医師か助産婦にお産を任せたいなら、その人が所属している病院を選ぶべきです。もしドミノ制度（参照 →P.156の用語集）を利用しているなら、地元の病院のうち、この制度が機能しているのはどこか確かめる必要があります。母乳育児を希望しているなら、産後数日の重要な期間に、授乳方法や授乳に関するトラブルについて指導してくれる病院を探しましょう。

以前は一般的に行われていた分娩直前の外陰部の剃毛は、今では、ほとんどの病院がやっていませんので、もし、剃毛しましょうと言われたら、断っても構いません。

自宅出産

1990年代の始めから、自宅での出産を選ぶ女性が増え続けています。とは言え、全体からみれば、その数はごく少数です。自宅出産を選ぶ女性は、お産を、より家庭的でリラックスしたものととらえ、医療の介入を減らし、生まれてくる赤ちゃんのきょうだいに、この体験により深くかかわりをもたせたいと考えています。しかし残念なことに、医療専門家の間には、自宅出産に対して根深い偏見があります。その根拠も、充分と言えるものではありません。例えば、多くの医師は、初産は自宅出産に向かないと考えていますが、初産を経験する多くの女性にとって、自宅出産は、非常に妥当な選択であることが証明されています。自宅出産は扱わないという医師は増え続けていますが、そのために自宅出産を断念することはありません。どのようなケースでも、助産婦が、あなたのお産を手伝ってくれるからです。いずれにせよ、あなたとパートナーのどちらにとっても、納得できる結論を出すことが大切です。

自宅出産が不可能な場合もあります。例え

ば、妊娠中毒症や、妊娠糖尿病を発病していたり、心臓や腎臓に持病がある場合、多胎妊娠や逆子の場合、妊娠中に大量の出血があった場合などですが、医師や助産婦が個々のケースを判断するでしょう。

分娩監視装置

お産が始まり病院に入院したら、内診によって子宮口の開き具合を確かめる検査があり、持参した分娩用の洋服か、病院のガウンに着替え、胎児の心拍数を調べるでしょう。分娩監視装置を用い20分間ほど胎児の心拍数を調べる病院が多くなっています。この装置は、腹部に巻き付けて使う超音波モニターで、電子的に作成したグラフを出力します。何らかの問題を抱えた出産でない限り、もし胎児の心拍が正常なら、この装置で監視を続ける必要がなくなり、検査はストップされます。装置が外されれば、ベッドに寝ている必要もなく、動き回ることができますし、希望すれば入浴もできるという明らかな利点があります。もし分娩監視装置でモニターを続けなければならない妥当な理由があるなら続けるでしょうし、記録の質が不充分だと判断されると、胎児の頭皮に細い電極を取り付けて記録を取る場合もあります。しかし、現在では腹部に取り付けるタイプの監視装置の性能がたいへん向上し、信頼性が高くなったため、このようなモニターが使われるケースは激減しています。

　しかし、分娩監視装置に頼りすぎた結果、多くの出産に、不必要な不安感を与えている事実は否めません。つまり、必ずしも必要でないのに帝王切開や他の医療介入に至っているケースが考えられます。大半の普通分娩では、手に持って使う超音波モニターが、充分分娩監視装置の代用品として使えます。

立ち会い出産

赤ちゃんの父親や信頼できる友人などに出産の立ち会いを頼めば、お産の際に心強いでしょう。あらかじめ、自分のバースプランを立ち会いに選んだ人によく話しておきましょう。もし可能なら、分娩室に連れていき、あなたのお産を担当してくれるチームに立ち会い人を紹介しておけば、立ち会ってくれる人も、自分はこのチームの一員であるという意識をもってくれるのではないでしょうか。

　立ち会い人が男性であれ女性であれ、あなたの痛みと分娩の迫力に耐えられる強さが必要ですし、血を見ても怖がらない人でなければなりません。立ち会い人は、あなたの手を握りしめてくれたり、必要なものをもってきてくれたりし、またとない忘れがたいひとときの間、あなたを安心させてくれるでしょう。

37～40週

ついに赤ちゃんと対面するまで、あと数日を残すのみとなりました。おそらく今のあなたは、妊娠の終わりを待ち遠しく思う気持ちと、母親になるその時を恐れる気持ちとの間で揺れ動いていることでしょう。毎晩、今日その時がやってくるのだろうかと思いながら眠りにつき、早くその時がきてほしいと願う反面、もう一晩、ぐっすり眠りたいと思ったりもします。出産の始まりを、ゆったりと待つことなどできなくなっている時期です。

週数	日常生活での変化	医療ケア	食事
37–40	産休に入った女性の多くが、赤ちゃんの部屋の準備に集中します。必要なベビー用品が揃っており、すぐに使える状態になっているかチェックしておきましょう。しかし、他にもやっておくべきことがあります。入院中や、赤ちゃんのお世話だけに集中したい退院後の数週間のために、様々な準備を整えておかねばなりません。 例えば、退院後のことを考えて、冷凍庫に料理をストックしましたか？ 赤ちゃんの誕生を知らせたい人たちの電話番号のリストを作りましたか？ 車に給油してありますか？	陣痛が始まったのではないかと、痛みに敏感になっているはずです。前駆陣痛を経験する妊婦さんもいます。最後の数週間は、ブラックストン・ヒックス収縮（参照 →P.156）に気付くかもしれませんが、これは分娩がただちに始まるというサインではありません。 分娩の開始を知らせるサインとして、長く、一定で、繰り返し起こる、痛みを伴った子宮収縮や、いわゆる「おしるし」と呼ばれる子宮頸部からのピンク色のおりもの、破水があげられます。破水は普通、分娩がかなり進行してから起こりますが、分娩開始と同時に破水してしまうこともあります。	これまで栄養バランスの取れた食事を続けていれば、何の心配もなくお産に望めます。ですから、最後の数週間は、好きな物を食べてもよいでしょう。ただし、節度をもってください。栄養のバランスには引き続き気をつけましょう。胎児は成長を続けており、あなたの食事から多くの栄養を取っているのです。この段階にくると、妊婦の胃にはあまりスペースがないので、1回の食事量を減らし、定期的に何度か食事するようにしましょう。 たとえ足にむくみが出ていても、水分補給は欠かせません。1日に少なくともコップ5杯は水を飲みましょう。

第1三半期
1　2　3　4　5　6　7　8　9　10　11　12

第2三半期
13　14　15　16　17　18　19　20　21　22

胎児の成長

40週までに、赤ちゃんの生まれる準備が整います。残念ながら出産予定日はあくまでも目安なので、初産の場合は、出産予定日よりお産が早くなることは少なく、遅くなるのが一般的です。新生児の身長は、44〜55センチ、体重2500〜5000グラムほどです。胎児は最後の数週間で、かなり大きくなるため、子宮の中で手足を縮めています。きゅうくつに感じているのではないでしょうか。すでに赤ちゃんの各器官は子宮の外でも生きていけるよう充分発達していますが、肺の機能だけは、出産直前になって準備を整えます。

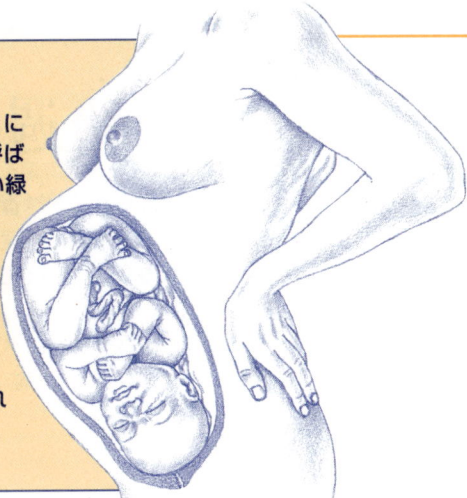

胎児の腸内には、胎便と呼ばれる黒っぽい緑色の物質があり、誕生後（時に誕生前）、最初の腸の動きによって排出されます。

感情

妊娠の終わりには、感情がたいへん不安定になるでしょう。気が大きくなったり、カッとなりやすかったりします。いつお産が始まるかはっきりしないため、余計落ち着きません。友達と食事に出たり、ショッピングに出かけるなど、あらゆる方法で気を紛らわせましょう。あまり神経質になっていたら、出産が予定より遅れた場合、精神的に疲れてしまいます。

出産のこと以外、あらゆる感情的な緊張下に自分を置かないよう心がけます。出産はまだかと、しつこく尋ねてくる親戚には、きっぱりとした態度を取りましょう。今は、他人に調子を合わせる時ではありません。

運動

お産のことを心配していると、緊張してしまいます。分娩時の呼吸法を練習しましょう。そうすれば、この大きなできごとを、自信をもって経験できるだけでなく、不安が心をよぎったとき、自分自身をリラックスさせる手助けになるでしょう。

引き続き、軽い運動を続けます。短い距離を歩いたり、脚と足首の運動（参照 → P.73）、や肩を回す運動（参照 →P.79）を行います。狭苦しい場所に長時間座り続けるのはやめましょう。立ち上がったり、歩いたりすることが大切です。

洋服

すでに持ち合わせているマタニティには飽き飽きしていることでしょう。ほとんどの女性は、出産前の数週間に着られる洋服を何枚ももっておらず、ぶかぶかのTシャツやお腹の飛び出した妊婦用パンツを我慢して着ることになるでしょう。

新しいマタニティを買う理由は何もありません。あと数週間で、また元の自分らしい体型を取り戻し始めるのです。しばらくの間マタニティウェアが合わなくても我慢しましょう。近々洋服を買う必要が出てくるからです。以前の体型に戻るまでの間に必要な、マタニティではない一時しのぎの洋服を用意せねばならないでしょう。

週数

37–40

| 3 | 24 | 25 | 26 | 第3三半期 27 | 28 | 29 | 30 | 31 | 32 | 33 | 34 | 35 | 36 | 37 | 38 | 39 | 40 | 週数 |

出産の選択

バースプランや場所を選んだとしても、分娩時のトラブルやタイミング、分娩開始時にどこにいたかなどの条件によっては、プランどおりにいかないこともあります。ですから、自分の希望にあまり固執しすぎないようにしましょう。あらゆる細かな部分まで、自分のプランどおりのお産を望むのは誰しも同じですが、思いどおりにはなかなかいかないものです。

自然分娩

自然分娩とは、医療の介入が一切ないお産を指します。医療の介入とは、例えば、麻酔剤、陣痛促進剤、帝王切開や会陰切開などです。もし、自然分娩にこだわるなら、すでに専門の母親学級を受講しているでしょうし、薬を使わないで陣痛の痛みを和らげる技術、例えば、リラックス法、イメージ法、マッサージ、催眠、鍼、ホメオパシーなどについて勉強していることでしょう。しかし、あなたと赤ちゃんの健康のためには、医療介入もやむを得ない場合があります。これを、自然分娩に失敗したとは考えないことです。あなたのケアを担当してくれるチームに自分の考えをきちんと伝えることは大切ですが、万が一、例えば硬膜外麻酔が望ましいと医師に判断されたなら、決して罪悪感など感じないことです。出産とは、精密科学ではないので、最終的には、あなたと赤ちゃんが健康であることが、すべてなのです。

会陰切開(注1)

局所麻酔を使用して、会陰(肛門と膣の間の部分)の切開を行う場合があります。赤ちゃんの頭が膣口から出てくるときに、この部分の裂傷を避けるのが目的です。かつては一般的でしたが、現在では、必ずしも行われるというものではありません。大半の女性は会陰切開を望みません。なぜなら、産後しばらくの間、切開した部分に、ある程度の痛みや不快感が残りますし、切開した部分の縫合が強すぎたり、糸が感染源になり、複雑なトラブルを起こす危険性もあるからです。

水中分娩

今でも、この分娩法を好まない医師や専用の施設をもたない病院がありますが、もはや特殊な分娩法ではなくなっているのが、水中分娩です。お湯につかれば、ごく自然にリラックスでき、陣痛の痛みが軽減できます。中には、水中での娩出を行っている病院もありますが、一般的には、痛みを逃すのを目的とするため、分娩の初期段階でのみプールが使われています。あなたの選んだ病院の方針を、担当の医師や助産婦に質問してみましょう。もし、あなたが水中分娩を強く望むなら、この分娩法に関して、充分な実績のある病院を選ばねばなりません。

注1 日本では今も行っている施設は多いが、行われない所も以前に比べると増えている。助産院では行っていない。

水中分娩には、苦痛を軽減する高い効果がある安全な出産法ですが、いくつか問題点があります。新生児の生後感染の可能性が、わずかに高くなること、赤ちゃんがプールの湯を飲み込むおそれがあること(実際には、そのような事故は起こっていません)、分娩第2期に水中にいると、助産婦が分娩の進み具合を監視し続けることができないため、急に児頭が発露した場合、不必要な会陰裂傷を招く可能性があることです。また、感電の危険性から、

生まれたばかりの赤ちゃんを初めて腕に抱く。お腹の赤ちゃんへのふくらむ思いと待ち遠しさが、ついに満たされる瞬間です。

分娩監視装置の類は水中で装着できないため、リスクの高い出産と医療チームが判断した場合は、水中分娩はできません。しかし、もし助産婦が手に持つ小型モニターを使用するなら、水中でも断続的に赤ちゃんの様子を監視することができます。

分娩の経過

出産の時が足早に近付いています。あなたの中には様々な感情が交錯していることでしょう。ワクワクする気持ちもあれば、スムーズに出産できるのか、陣痛の痛みとはどのようなものなのか、という不安もあるでしょう。痛みの感じ方には個人差が大きく、陣痛に対して、あなたがどのような反応を示すか、予測することは誰にもできません。あなたが安心してお産に望めるよう、分娩の各段階を説明します。痛みの軽減法についても解説しましょう。

分娩の3段階

あなたの分娩に何時間かかるか、予想することはできません。しかし、平均的な初産の分娩所要時間は、12時間です（経産婦は短くなります）。

第1期

子宮口、すなわち子宮頸部にある繊維質の輪が柔らかくなって広がり、赤ちゃんが通れる広さになります。このとき子宮からプロスタグランジンが分泌され、子宮収縮（陣痛）が促されます。子宮収縮によって赤ちゃんの頭が子宮口まで押し出されると、オキシトシンも分泌されるため、収縮が定期的になります。この段階では、上体を起こした姿勢を取るのがベストです。また動き回るほどオキシトシンの分泌が促されるため、子宮収縮の間隔が短くなります。もし分娩第1期の進行に時間がかかりすぎる場合は、オキシトシンの点滴を受け子宮収縮を促すことがあります。この段階の終わりには、陣痛が強くなり、子宮口の開きは10センチになります。

第2期

第1期から第2期へと進む際、短い移行時間があります。この間、子宮口は全開大となり、子宮は赤ちゃんを押し出す準備をしています。子宮収縮（陣痛）の回数としては2、3度で、よくわからないうちに移行している場合もあれば、陣痛が強く、長く持続するつらい時間がえんえんと続く場合もあります。このとき、いきみたい衝動にかられるかもしれません。

この次に待っているのは、興奮そのものです。あなたがいきむと、赤ちゃんの頭が見え始めます。苛酷な段階ですが、大半の女性は、第1期のいつ終わるともしれない陣痛よりも、まだ耐えられると言います。いきみたい欲求にかられ、がまんできないほど強い、反射的な推進力があなたの全身を支配し、赤ちゃん誕生に至ります。

第3期

あなたは赤ちゃんの誕生に興奮していて気付かないでしょうが、子宮がへその高さほどの球状に縮むまで、子宮収縮は続いています。また、胎盤が子宮の内壁からはがれおちます。赤ちゃん誕生から5分以内に胎盤娩出がありますが、オキシトシンの筋肉注射によって、この段階が迅速に進められることがよくあります。産後の子宮収縮は、胎盤がはがれ落ちたあと、

子宮内の血管を圧迫し、止血する助けにもなります。

分娩時の痛みの軽減

すでにお話した硬膜外麻酔（P.59参照）は別として、分娩に向いた鎮痛剤が数種類あり、大半の病院で一般的に使われています。ただし、どのような薬を選んだとしても、薬という薬は必ず赤ちゃんの血液に流れ込み、多少赤ちゃんの体に影響するということを、覚えておいてください。

エントノックス

吸入麻酔は、分娩時にたいへん一般的な痛みの軽減法です。エントノックスは亜酸化窒素（笑気ガス）と酸素を半々に混ぜ合わせたもので、痛みを感じたときにマスクから吸入します。鎮痛作用は穏やかで、吸入から30秒以内に効果が現れますが、1分程度しか持続しません。陣痛の始まりと同時に吸入すれば、痛みの山を楽に越えることができます。副作用は、現実遊離、病的幸福感、浮遊感から吐き気まで、様々です。赤ちゃんが誕生し、初めて肺呼吸すると、血管から速やかに薬が抜けるため、吸入による鎮痛剤は赤ちゃんに無害だと言われています。

ペチジン

ペチジンは静脈注射もしくは筋肉注射で投与される睡眠薬です。鎮静と鎮痛、両方の効果があり、緊張をほぐし、痛みから遠ざけてくれます。ペチジンを使うと、もうろうとして意識をコントロールできなくなったり、眠くなったりするはずです。残念ながら、この薬が効かない人もいます。副作用として吐き気を催すため、通常は吐き気を抑える薬も一緒に投与されます（病院によっては、ペチジンに似た作用の薬を使っています）。

ペチジンは、分娩第2期にはあまりふさわしくありません。いきみの欲求が減退するためです。薬の効果が2～4時間続き、赤ちゃんの呼吸機能を抑える影響があるので、誕生の5時間前までにこの薬が投与されたなら、赤ちゃんによっては、呼吸を助けてあげなければなりません。

テンス

TENS（Trans-cutaneous Electrical Nerve Stimulation）とは、神経に微量な電流を流す装置です。痛みをブロックし、体内に存在する天然の鎮痛剤、エンドルフィンという化学物質の分泌を促します。電極を通常は背中の下部につけ、電流の量を手元の機械で自ら調整します。

テンスは、分娩の初期段階から使うのがベストです。これだけでは痛みは和らぎませんが、痛みへの感じ方を変えることによって、陣痛を乗り切る助けになります。ほとんどの病院にこの装置がありますが、予約を忘れずに。しかし、誰にでも効くというわけではないようです。

注 いずれの鎮痛剤の使用も日本ではまれ。

これまで、職場での安全という問題について、取り立てて真剣に考えたことはないと思います。たとえば建築現場で働いていたり、放射線や有害な化学物質を扱うような仕事に就いているなど、明らかに危険な仕事でない限り、普通はあまり気にしないものです。しかし今あなたは妊娠中の身。妊娠していなければ、必ずしも気にする必要のない状況が、お腹の赤ちゃんの健康と安全に悪影響を及ぼす場合があります。このセクションでは、妊娠中の女性が抱える一般的なリスクを挙げ、さらに、それぞれの職場環境が抱えるリスクにも目を向けていきたいと思います。

家庭は、あなたが管理できる環境のひとつです。家庭内を禁煙にするか、家事をするときに適切な予防措置を取るか、薬品類をどのようにしまうか、ということを、ひとつひとつあなた自信で決めることができます。また、重いものを持ち上げたり、複雑な機械を扱うといった危険にさらされるプレッシャーもありません。それに、もし疲れを感じたら、仕事を中断して休むことができるのです。

しかし職場では、雇用主と会社が生み出した環境に身を任せることになります。それは、雇用主が従業員の声に耳を傾けて整備した、安全で健康的な環境かもしれません。しかし、そうでない場合もあります。多くの労働者、とりわけ女性は職場環境の悪さに業を煮やしていますが、職を失いたくないために、やむを得ず自らを危険にさらしているのです。

あなたの雇用主には、従業員の健康と安全を守るために職場環境を整える義務があります。特に、妊娠中と産後6ヶ月までの女性には特別な配慮をしなければなりません。もし、これまで危険性のある仕事に就いていたなら、雇用主は、あなたを配置替えしなければなりません。これには、時間外労働の制限やシフト替えも含まれます。もし、別の仕事が用意できないなら、あなたと赤ちゃんに危険が及ぶ心配がなくなるまで、有給休暇を与えるケースもあります。

安全に働く

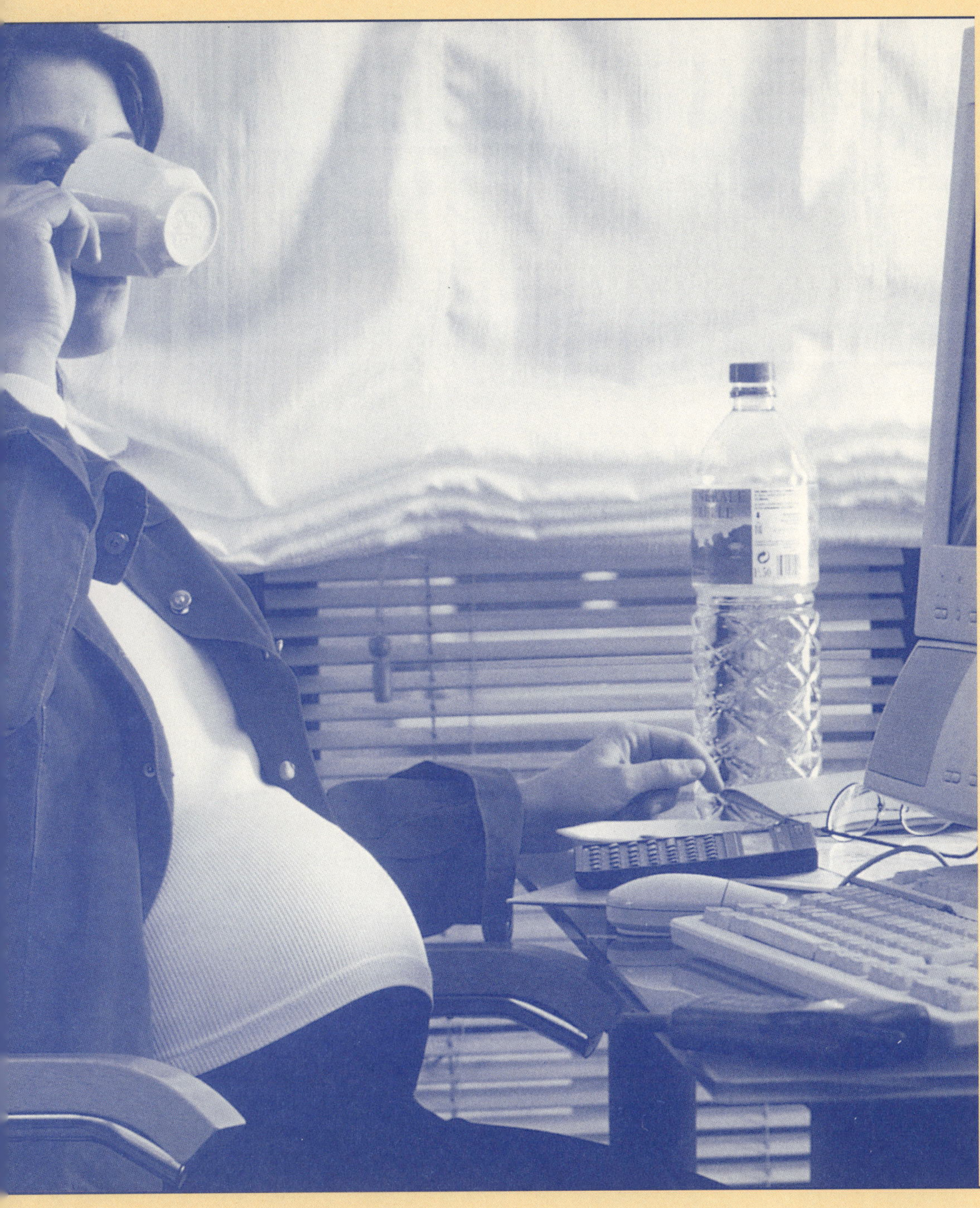

職場の危険

妊娠していることがわかったら、いや、できれば妊娠を考えている段階で、自分の職場の危険について、一度じっくり考えてみましょう。雇用主もおよその危険を把握し注意を払ってくれるでしょうが、最終的に、赤ちゃんの安全を守れるのはあなたしかいません。自分自身で、職場の危険についてチェックしましょう。

注 安全に働く（70〜85頁）については、日本では妊産婦の労働に関して労働基準法（男女雇用機会均等法）に規定されている。

あなたの職場の環境に目を向けることも大切です。例えば、騒音やタバコの煙に関しては、雇用主も見過ごしがちです。もしあなたの職場環境がどの程度妊娠中の体によくないか、はっきりしなければ、医師か、衛生安全委員会事務局に相談することをおすすめします。

仕事そのものの危険性以外に、職場環境の良し悪しにについても意識しなければなりません。具体的には、座る場所、換気、暖房、定時の休憩が認められているか、などです。これらが適切でないと、妊娠中は、疲労やストレスが増す結果となります。

化学物質

有毒な病原菌や化学物質は、妊婦にとって最たる危険です。病原体に関する諮問委員会によって、危険度の格付けがなされています（参照 →P.74）。

肉体的ストレス

運動そのものは、妊娠中の体にとても大切です。しかし、肉体的ストレスは別です。長時間の立ち仕事、重いものやかさのあるものの運搬、地下や狭苦しい密閉された空間での作業などは、体を衰弱させます。ホルモンバランス、体力、持久力、感受性、これらすべてが妊娠中は変わることを覚えておいてください。

精神的ストレス

非現実的な目標を設定され、長時間勤務や、競争意識の高い環境に身を置くことを余儀なくされているかもしれません。妊娠中、心は別方向に向かい、赤ちゃんの欲求に合わせようと、おっとりとした性格になりますから、このような仕事はあなたに過度の緊張を強いることになります。

騒音

小型の電気ドリルやノコから大型の産業機器まで、休みなく続く大きな機械音は、強い疲労を引き起こしますので、あなどってはいけません。

早朝・夜間勤務

日々の生活に何のプレッシャーもないときは、シフト勤務もがまんできるでしょうが、今あなたは妊娠中です。パートナーや友人とくつろぐ時間がなくなるのを、苦痛に感じるはずです。

感染

職場での感染を予防するのは難しいでしょう。しかし、同僚が病気にかかっていると感じたら、接触を避けるようにしましょう。

窮屈な制服

仕事によっては、防護服を着る必要がありますが、通気性が悪くて、暑苦しく、動きにくい服かもしれません。妊娠中は、着心地が悪いでしょう。制服の場合も、首回り、ウエスト、手首回りがぴったりとしたデザインのものや、素材が合成繊維だと 汗ばみやすく、かゆみが出ることがあるでしょう。

極端な高温、低温

厨房や工場のかまどのように火を使う場所や、反対に冷凍庫のような非常に低温の場所での仕事は妊婦にふさわしくありません。なぜなら妊娠すると、体温調整機能が、通常よりも、はるかに不安定になるからです。

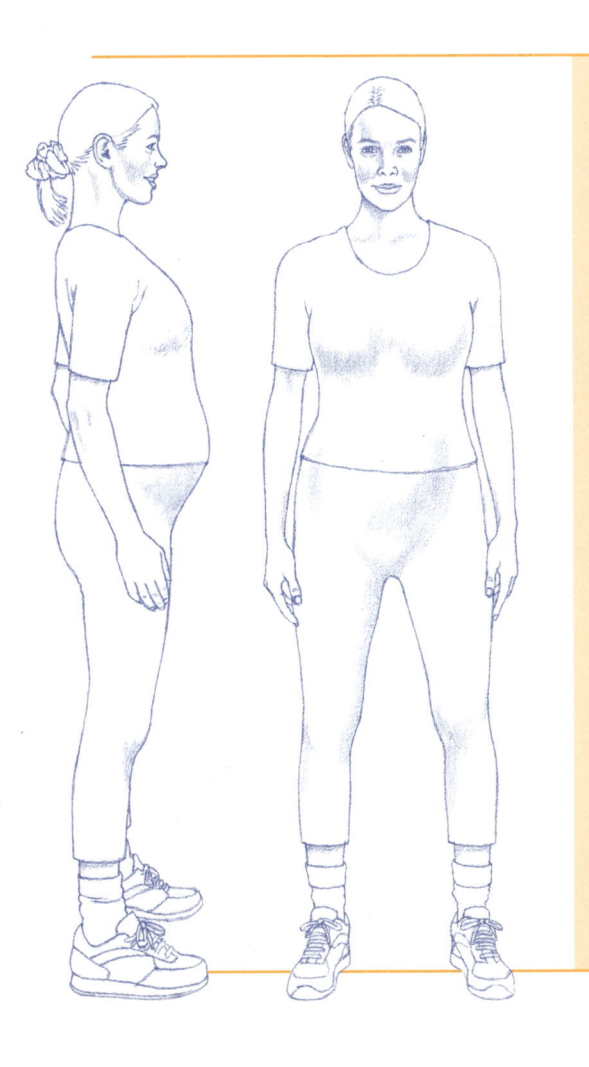

姿勢の大切さ

仕事中、緊張状態に置かれている特定の筋肉を、伸ばしたり、ほぐしたりすることは、非常に大切です。妊娠するとお腹の重みで重心が移動しますし、体重も増えるので、背中や腰を守るためにも、正しい姿勢を確認することは、たいへん意義があります。

　腕は力を抜いて両脇へ下ろします。腰幅より少し広めに足を開き、両足に同じように体重をかけます。足の裏全体をぴったり床につけましょう。たいてい私たちは、無意識に足の内側か外側に体重をかけて休んでいるので、足裏全体で立つよう意識してください。上体を引き上げて背骨を伸ばし、肋骨の下に空間を作ります。このとき、背中を反らせないよう注意してください。骨盤を前に押し出して腹筋を引き締め、腰を守りましょう。肩の力を抜き、まっすぐ前を見ます。ひざをゆるめないでください。正しい姿勢で立つことができたら、首すじと背中が一直線になっているはずです。

　このコーナーでは、職場でできるエクササイズを紹介します。各職場に最適と思われるエクササイズを掲載しましたが、いずれもあなたの体をしなやかに保つ効果がありますので、職種を問わず、上手に取り入れてみてください。

オフィス

一般的に、オフィスは妊婦にとって危険な環境ではありませんが、それでも考慮せねばならない点がいくつかあります。必要に応じて、自分の職場状況に取り入れてみてください。

コンピュータ画面用のシールド

オフィスワーカーは、1日の大半をコンピュータの前で過ごすことが多いため、コンピュータの安全性が、たいへん気になります。英国の放射線防護委員会によると、コンピュータから発せられる放射線量は、健康を害するおそれがあるとして国際的に勧告されている線量限度を下回っています。これはすなわち、防御措置を取る必要性がないことを示しています。それでも不安があるならば、ディスプレイに保護シールドを取り付けてもらいましょう。

デスクまわりの快適度

背中を支え、デスクやコンピュータに合わせて高さを調整できるイスが必要です。足置き台があれば、足首を交差させたり、イスの下で足を縮めておくこともないでしょう。頻繁に休憩を取り、歩き回って血行をよくすることも大切です。

あなたのオフィスは換気がよいですか？ もしよくないなら、新鮮な空気を求めて、時々休みを取りましょう。

オフィスでのエクササイズ

終日デスクについていたり、電話やコンピュータに向かって背中を丸めているのは、妊婦に限らず誰にとってもよくありません。しかし、妊娠が進むにつれ、筋肉の痛みをより感じるようになるでしょうから、不快感を最小限に抑えるために、体をしなやかに保つことが大切です。毎日行っている運動プログラムに加え、次に紹介するエクササイズを実行しましょう。

呼吸

正しい呼吸法を学べば、よい姿勢を保ったり、肉体的ストレスや緊張を軽減するのに役立ちます。イスに深く腰掛け背にもたれ、肩の力を抜き、両手はお腹のふくらみの下に置いて休ませます。ゆっくりと深く息を吸いながら、お腹が少しずつふくらんでいくのを感じます。息を少し止めてから、次にゆっくりと吐きだします。

腕を回す

体を温め、肩の力を抜き、胸を開くエクササイズです。仕事中いつも体を縮めた姿勢でいる場合は、たいへん効果的です。足を腰幅に開いて立ち、腕は力を抜いて、自然に横におろします。前を向いて、右腕をゆっくりと前後に回します。下から前方、耳のそばを通過して上へと回して1回転させたら、次に反対に回します。勢いをつけず、できるだけゆっくりと少しずつ回しましょう。お腹を引き締め、背中はまっすぐ伸ばしてください。腕を下に戻したら、肩の緊張がほぐれたかどうか確かめ、今度は左腕で行います。左右とも、前後8回ずつ回しましょう。

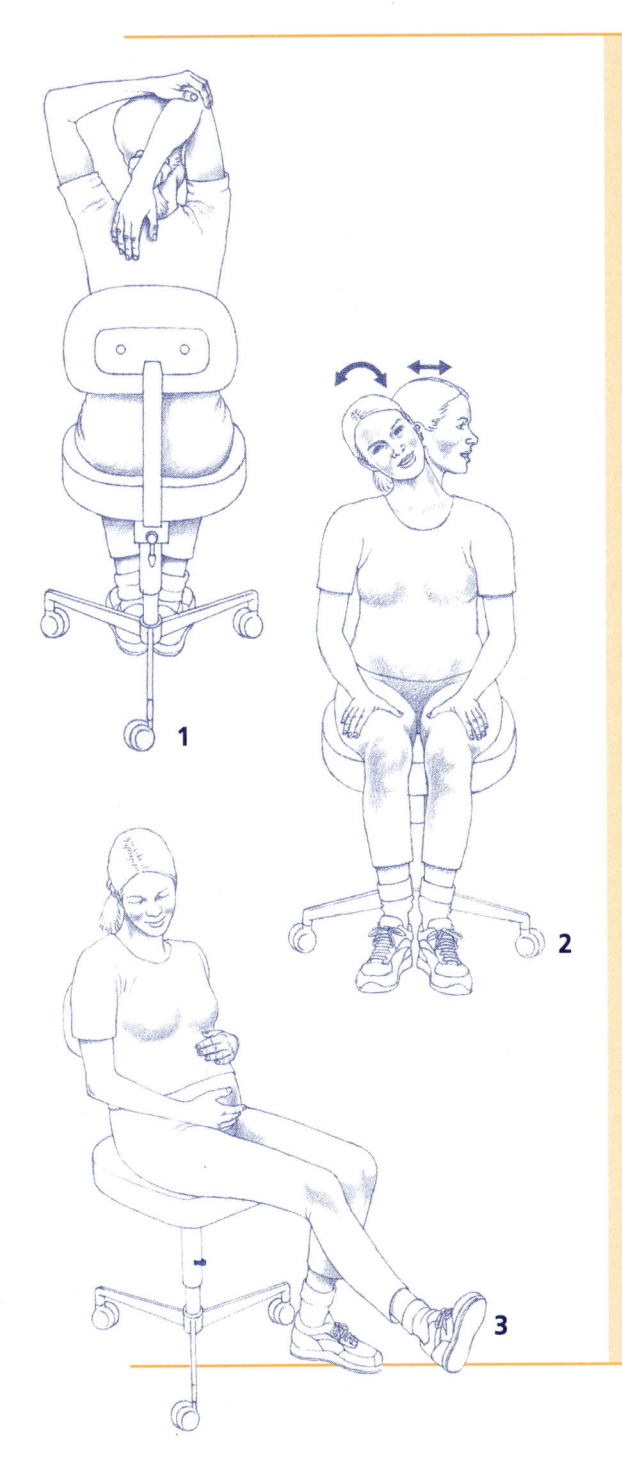

1　肩のストレッチ

肩と腕の筋肉をほぐすエクササイズです。首と背中にも効果があります。

- 床に足をぴったりとつけてイスに深く腰掛け、右腕をゆっくりと上に伸ばします。
- 右腕のひじを曲げ、手をぶらりと背中に下げます。そのひじを左手でさらに押し下げます。
- そのまま20秒間保ち、左腕で同様に行います。

2　頭と首のエクササイズ

首と肩の筋肉をソフトに保てば、上半身への緊張の蓄積を避けることができます。2種類とも、仕事中デスクにいながらにして、いつでも行うことができるエクササイズです。

- 腰かけて背中を伸ばし、頭をまっすぐにします。頭をゆっくり右に傾け、右耳が肩にかぶさるまで続けます。
- 頭を元に戻し、今度は左に傾けます。
- 左右5回行います。
- 今度は頭を回す運動です。上と同じように、正しい姿勢で座り、肩の力を抜きます。頭をゆっくり右に回し、正面に戻します。今度はゆっくり左に回します。
- 左右5回ずつ行いましょう。この2種類の運動を続けて行ってもよいでしょう。

3　脚と足首の運動

この動きは血行を促進し、太ももとふくらはぎの筋肉の収縮と緊張を取るのに役立ちます。

- イスの背にもたれて、ゆったりと座ります。右足を少し持ち上げ、宙にアルファベットを書きます。左足は床につけたままです。
- 同じ動作を左足で行います。左右とも3回ずつ行います。

研究所

職種にもよりますが、研究所での仕事には、病原菌や化学物質に関わる多くの危険が伴います。次に挙げる物質の中には、潜在的な危険性はあるものの、有害とされる規定量を超えない限り、まったく問題ないものもあります。それでも、妊娠中はあらゆる危険性を避けるように心がけましょう。

病原体

妊婦と胎児への有害度によって、病原体はグループ分けされています。避けるべきグループは2、3、4です。これら病原体を扱う仕事をしていない妊婦でも感染の危険性はありますが、研究所に勤務していると、職場で被検物に身をさらすという、明らかな危険を冒すことになります。危険な被検物の例とは、B型肝炎、HIVとエイズ、リステリア、パルボウィルス、風疹、結核、梅毒、チフスなどです。

化学物質

危険性の種類によって区分した欧州経済共同体の指示のもと、規制と表示が行われている物質が約200種類あります。この中には、水銀、鉛、石綿も含まれます。これ以外にも、吐き気を催すような強い匂いのものは避けましょう。

あなたの扱っている化学物質が、母体と胎児に対して潜在的な危険性をもつものかどうか、表示を確かめる必要があります。物質のラベルにはコード番号が表示されています。妊娠を考える前に、妊娠したらできるだけ早く、薬品のラベルをチェックすることが大切です。有害物質についてのさらに詳しい情報については、「有害物質管理規定」を調べてみてください。衛生安全委員会の事務局が窓口になってくれるでしょう。

感染を避ける

感染を避けるためには、衛生法の基本にこだわることが大切です。つまり手をしっかりと、定期的に洗うことこそ重要です。また、針や鋭利な道具によるケガを避け、防護用品を着けます。例えば、マスク、アイシールド、ゴム手袋、カバーのついた衣服などです。潜在的な危険物質との接触を避け、必要に応じて予防接種をします。

化学物質
- R40 不可逆の影響を及ぼす危険性がある。
- R45 発ガン性あり。。
- R46 胎児に遺伝的な悪影響を及ぼすことがある。
- R61 胎児に悪影響を及ぼすことがある。
- R63 胎児に悪影響を及ぼす危険性がある。
- R64 母乳を通じて赤ちゃんに悪影響を及ぼすことがある。

病院

残念ながら、病院は妊婦にとって危険が詰め込まれた環境です。しかし、病院はすべて、「有害物質管理規定」に従って危険物を管理しています。あなたの職場環境の安全性に疑問があるなら、この法律を調べてみるとよいでしょう。病院で考えられる危険とは次のようなものです。

エックス線

病院のレントゲン室や歯科医院に勤務しているなら、普段から一定量以上の放射線を浴びないよう、限度量が決まっているでしょう。仕事中は防護用のエプロンを着用しているはずです。しかし妊娠中は、いっそうの警戒が必要です。もしレントゲン装置の調子が悪いと感じたり、危険に対して同僚が大様と構えている、防護服が古かったり、擦り切れているといった場合は、改善を求めましょう。

妊娠が進んで体が大きくなるにつれ、防護エプロンが体に合わなくなってきます。しかしお腹がきちんとカバーされているか、常に気を配りましょう「電離放射線規定」(1985)に、妊婦の法定線量限度が明記されています。衛生安全委員会の事務局に問い合わせてみてください。

薬品

院内で扱う薬品の大半は、母子どちらにも害はありません。しかし細胞障害性薬品は例外です。これは、ガン治療に使われる薬で、卵子と精子内に存在する遺伝情報を損なう危険性があります。この毒素は皮膚や吸入によって体内に入りこみます。薬剤師、看護婦、医師には、このような毒性のある薬品を扱ったり、管理する危険が伴います。注射針でのケガを避け、廃棄物の処理には細心の注意を払いましょう。また危険な薬品を取り扱う際は防護用品を身につけ、それらに身をさらす時間を最小限に抑えます。

抱き上げる

妊娠中の看護婦は、患者を抱き上げる際に、特に注意が必要です。背骨への負担が最小限に抑えられる抱き上げ方があるとしても、人ひとりを抱き上げるというのは、いつ必要になるか予測もつかず、体力を消耗し、危険性のある仕事です。妊娠中は、できる限り避けるようにしてください。

被検物の取り扱い

看護婦、医師、臨床検査技師は、常に血液、尿、分泌液等を取り扱う必要に迫られます。メガネやマスク、手袋で身を守り、保管と処分には、充分注意を払いましょう。

感染

病院勤務者は、病原菌に対する最前線に身をおいています。雇用主は、妊婦に対する危険を明記した感染予防対策を講じる必要があります。

学校

学校は、妊婦にとって非常にストレスの多い環境です。子どもたちは甲高い声で騒ぎ、走り回り、押したり突いたり。気が休まる暇がありません。あなたが教えている教科にもよりますが、例えば体育のように、妊娠中の体には危険な仕事もあることを頭に入れておきましょう。プリントの山を抱えての通勤も、妊娠中の身にはこたえます。

長時間の立ち仕事

妊娠が進むにつれ、立っているのがつらくなるでしょうから、できるだけ、立っている時間を短くしましょう。黒板の前に座って授業ができるように、高さのあるイスを用意してもらいましょう。右ページのエクササイズを実行し、できるだけ頻繁にイスに腰かけるようにします。

子どもに協力を仰ぐ

子どもたちに、自分は妊娠中であり、ぶつかられたり、お腹を強く押されるとお腹の赤ちゃんが危険だということを話してきかせましょう。

あなたのお腹が大きくなっていく様子は、彼らにとって妊娠の経過を学ぶ絶好の機会になります。きっと子どもたちはお腹の赤ちゃんの成長に大きな関心を寄せるでしょう。

精神的ストレス

教師は激しいストレスにさらされます。ストレスは胎児によくありません。もし教師の仕事が精神的につらくなったら、付加的な仕事を最小限に抑え、できるだけ早く産休を取得するべきです。

体育 体育を教えているなら、激しい運動を避けましょう。流産しやすい妊娠初期は特に注意が必要です。バランスを取ったり、靱帯に負担がかかるような体操はやめましょう。息が切れるほどの動きは避け、休みを取りながら行うことが大切です。さらに、ボールを当てられる心配のある競技も避けましょう。

感染の危険性 学校では、人から人へと感染する病気にかかるリスクが高くなります。教師は、熱があったりやウイルス性の病気にかかっている子と接する機会が多くなりますが、免疫のおかげで、それら多くの病気に、大人はあまりかかりません。しかし、妊娠中は高い熱を出している子を自宅に帰すことをためらってはいけません。

衝突を避ける 反抗期を迎えたティーンエイジャー集団の注意を引きつけておくことなど、誰にとっても難しい仕事です。年齢の低い子どもたちですら、手に負えない場合もあります。しかし、攻撃性につながったり、感情的なしこりが残るような衝突は一切避けるべきです。もし暴力を受ける危険を感じたら、その場を早く立ち去り、同僚に助けを求めましょう。

1　壁を使ったストレッチ

骨盤から肋骨を引き上げる、効果的で、簡単なエクササイズです。お腹が大きくなってきたころにおすすめします。

- 壁にぴったり背中を押しつけて座ります。片方の腕を伸ばし、壁沿いに下から上へと上げていきます。腕を頭の高さまで上げたらそのまま止め、もう片方の腕も同様にします。
- 次は反対の腕から始めます。回数は自由です。

2　脇のストレッチ

背骨と背筋を伸ばすエクササイズです。肩こりに効き、背筋力の低下を防ぎます。

- 肩の力を抜き、両足は腰幅よりも開きます。ひざの力も抜き、手を腰に当てます。腹筋を引き締め、骨盤を少し前に押し出す姿勢をとります。
- 右腕を上にまっすぐ伸ばします。
- 左に体を倒します。腕は常に頭上を通過させ、頭にかぶせます。
- そのまま5つ数えたら、反対側で同じように行います。

3　ふくらはぎのストレッチ

同じ姿勢での立ち仕事で、こむらがえりが起きやすい方には特に役立つエクササイズです。

- 体の右側にイスを置き、体を支えるためにイスの背を持ちます。
- お腹を引き締め、足を腰幅に開いて、右足を前に、左足を後に出します。
- 右足を曲げ、左足を伸ばし、左足のかかとを床に押しつけます。
- 体重は前足にかけたまま、骨盤を少し前に傾けます。もし、左足のかかとがあまり伸びていないと感じたら、さらに足を後に引きましょう。
- そのままの姿勢で10まで数えます。次に反対側で同じように行います。

軽作業

工場や小売店での労働のような軽い作業を指します。激しい肉体労働はありませんが、労働環境が妊婦には望ましくない場合もあります。仕事の内容にかかわらず、毎日休憩をきちんと取り、軽食を取ったり、軽い運動をしたり、新鮮な空気を吸いに行くことができているかどうか、確かめましょう。

化学薬品の使用

もし化学薬品を使用する職場にいるなら、それらの毒性をチェックし、毒性のあるものに触れたり、吸入することが、一切なくなるような対策を講じます（参照 →P.74）。化学薬品とは、接着剤、ドライクリーニング溶剤、整髪料、ガソリン、塗装の剥離剤、シンナー、クレオソート、鉛、水銀などが、例として挙げられます。

騒音と振動

大型の機械を使用する工場では、騒音が問題になります。機械そのものによる危険性がない仕事でも、度を超した騒音にさらされている場合があります。騒音が胎児に影響する心配は特にありませんが、あなた自身が感じるストレスが、疲労や血圧を上昇させる原因になることがあります。もし騒音がひどい環境で働いているなら、妊娠中は、音の気にならない場所に持ち場を替えてもらうよう頼んでみましょう。「職場の騒音に関する規定」（1989）で詳細をたしかめてみてください（衛生安全委員会の事務局に問い合わせてください）。

　オフロード車に乗っているときの揺れや、激しい振動の伴う機械の操作は、流産につながりやすいとの調査報告があります。このような仕事は避けねばなりません。

危険な機械

もしケガをする危険のある機械操作をしていたり、作業スペースが、非常に狭苦しかったりするなら、妊娠中は別の仕事に替えてもらうよう頼んでみましょう。配置転換が無理な場合は、産休開始前に、何ヶ月か有給休暇を取得することができます。

持ち上げる作業（リフティング）

妊娠中は、軽く、扱いやすいもの以外、持ち上げる仕事は避けましょう。妊娠中は靭帯を痛めやすいだけでなく、バランスが取りにくく、腰にも負担がかかっています。たとえ軽いものでも、腰に負担のかからない正しい方法で持ち上げましょう（右ページ参照）。高い場所のものを取るときに、はしごにのぼったり、つま先立ちするとバランスを崩しやすいので、避けねばなりません。また、大きく、抱えにくい形のものは、たとえ重くなくても、持ち上げる際にバランスを崩しやすくなります。もし帝王切開を受けたなら、産後3ヶ月は重いものを抱えてはいけません。

軽作業　79

役立つエクササイズ

もし工場に勤めていたり、軽作業の仕事に就いているなら、下のようなエクササイズが役立つでしょう。

肩を回す

これは、物を運ぶ作業や、姿勢の悪さからくる背中の緊張や痛みに効果的なエクササイズです。イスの背にもたれて深く座り、肩の力を抜いて、頭をまっすぐにします。指を肩に当てて、ひじを後から前へと回します。5回回したら、今度は反対に5回回しましょう。これを、何度か続けてください。

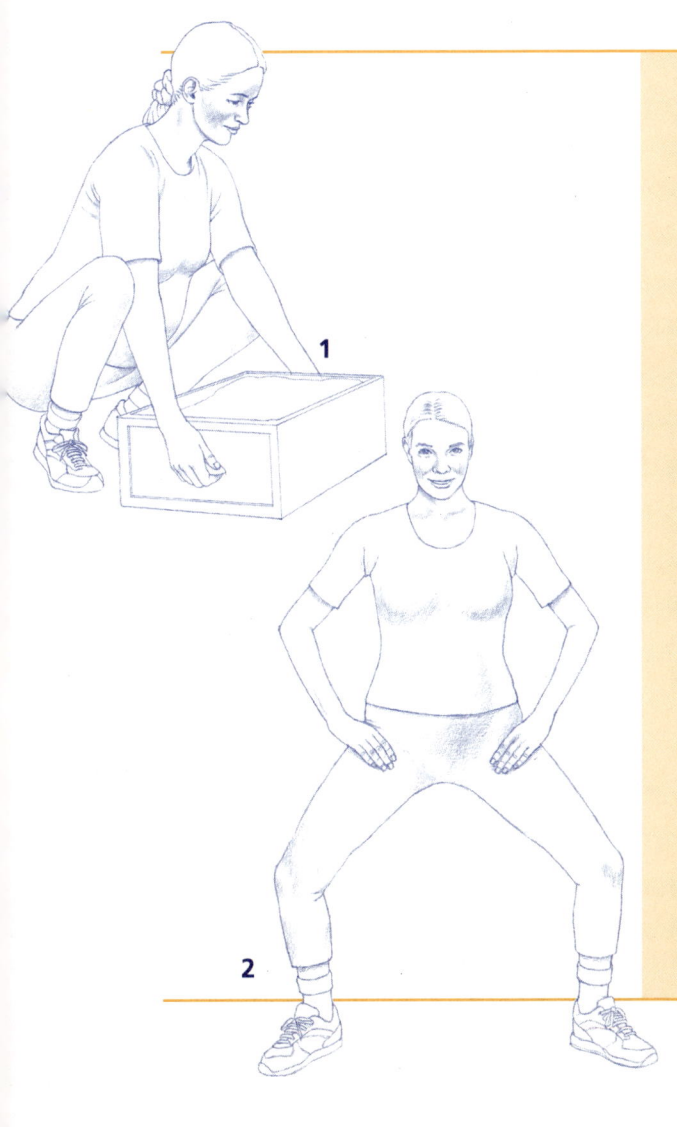

1　正しいリフティング

必ず軽く、持ちやすい物を使ってください。
- 物の高さまで腰を下ろします。そのとき、ひざを曲げ、脚を開き、足の裏をしっかり地面につけて、物を抱え上げるための基本姿勢を取ります。
- 物を両手で持ち、体のそばで抱えます。しっかり物をつかむことができたら、ゆっくり立ち上がります。
- 物を、体から離して抱えてはいけません。
- 不安定な場所や滑りやすい場所で、物を持ち上げるのはやめましょう。

2　ひざの屈伸

ひざと太ももを強く、しなやかにするエクササイズです。赤ちゃんの分だけ余計に体重を抱えている妊娠中には最適です(分娩時にも役立ちます)。
- 足先を少し外側に向け、腰幅よりも足を開き、腰に手を当て、背筋をまっすぐ伸ばします。
- 腹筋を引き締め、骨盤を少し前に押し出す姿勢を取ります。
- 背中と頭をまっすぐ起こしたまま、ゆっくりとひざを曲げます。適当なところで止め、あまり腰を落としすぎないようにしましょう。
- 腹筋を引き締めたまま、ひざが軽く曲がった状態まで、ゆっくり姿勢を戻していきます。5回繰り返しましょう。

レストランとカフェ

あなたの担当がホールでも厨房でも、レストランとカフェは、妊婦にとって、多くの問題がある職場です。その理由に、混雑、騒音、タバコの煙、狂気じみたピーク時の忙しさ、さらに早朝、夜間や、長時間などの勤務時間の問題が上げられます。あなたが乗り越えなければならない問題をいくつか挙げてみましょう。

長時間勤務

レストラン業界では、従業員は長時間勤務を求められます。長時間勤務が即、妊婦や胎児に悪影響があるというわけではありませんが、妊娠が進むにつれ、疲れやすくなるはずです。たいていのレストランではシフト制を取り入れているので、日中の勤務を希望し、勤務時間中も適宜、休憩を取るよう気をつけましょう。

配膳

あなたがホールの仕事をしているなら、料理や食器を持ってキッチンとテーブルの間を何往復もしているはずです。スピードが重要なので、つい多くの料理やお皿を1度に運ぼうとしがちですが、妊娠中は、安全に運べるお皿の数を、現実的に見積もるべきです。正しい姿勢で持ち上げましょう。(参照 →P.79)重たいスウィング・ドアで、お腹を打たないように注意してください。

立ち仕事

厨房でも、ホールでも、勤務時間のほとんどは立ったままの仕事になります。脚のむくみや静脈瘤(じょうみゃくりゅう)を避けるため、脚に痛みがあるならサポートタイツをはきましょう。また、靴はフラットなものを選びましょう。ソックスは、つま先がきついものを選ばないようにします。

タバコの煙

ほとんどのレストランには禁煙席がありますが、喫煙席も少なくありません。このような環境で長時間過ごすのはよくないので、もしタバコの煙の中で働かねばならない状況なら、別の仕事に替えてもらうよう頼んでみましょう。受動的喫煙は、自分自身がタバコを吸うほどの害はありませんが、ある程度のニコチンが、胎児に届いてしまいます。

高温

妊娠すると高温に耐えられなくなり、気を失ったり、大量の汗をかいたりと、熱によるストレスが強くなります。もし気温の高い厨房で働いているなら、厨房以外の仕事に替えてもらう必要があるでしょう。また、高温に耐えられなくなったとき、いつでも座って休める場所を確保しましょう。また、1日に何度も、たっぷり水を飲むことが大切です。

匂い

特に妊娠初期は匂いに敏感になり、強い匂いによって、吐き気を催すことがあります。妊娠中の吐き気は、低血糖によるものがほとんどなので、胃が空っぽの状態で出勤しないようにし、気分がすぐれないときは、クラッカーを少しずつ食べましょう。

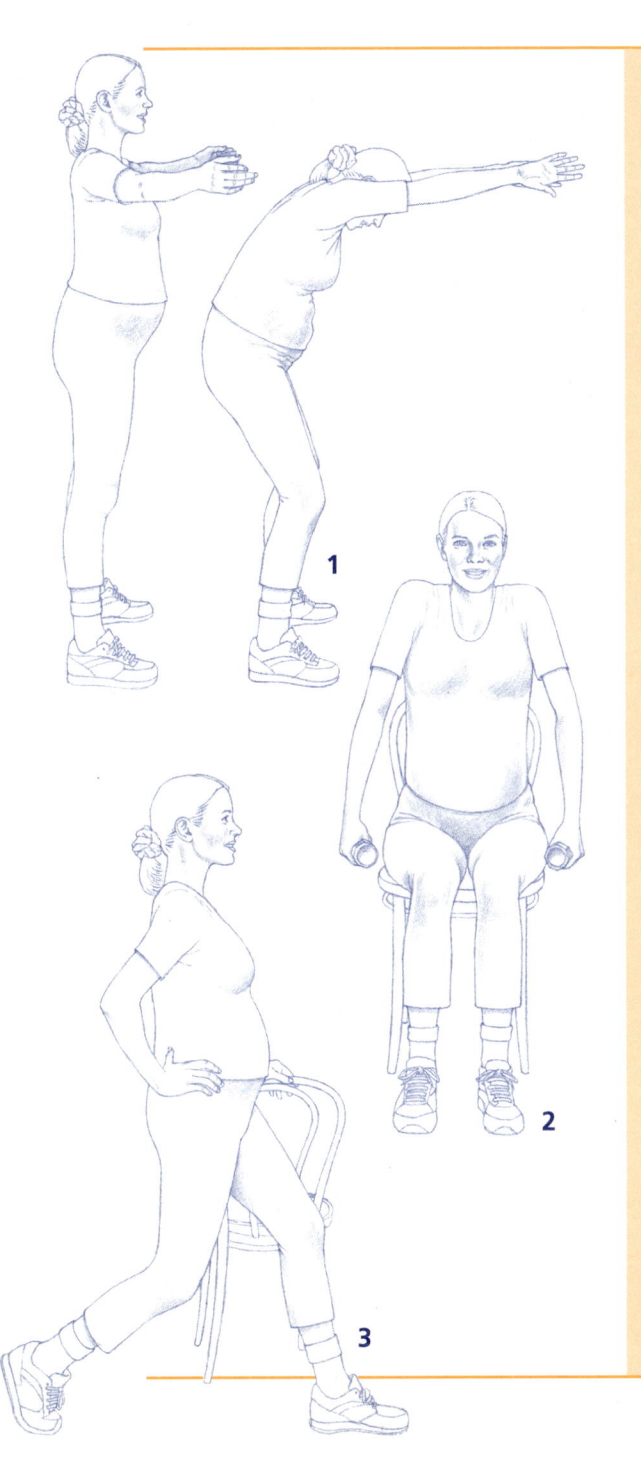

レストランとカフェ

1 胸を開く
上半身を解放し、ストレッチするエクササイズです。
- 背筋を伸ばして立ち、腰幅よりも少し広めに足を開き、腕は自然に横に下ろします。骨盤を少し前に押し出し、お腹を引き締めます。両腕を肩の位置まで上げます。
- 両腕を肩の高さに上げたら、ゆっくりと前にかがみます。背中を丸めると同時に、伸ばした両腕を前方に動かし手の甲を合わせます。
- 腕を肩の高さで保ったまま、横に戻します。同時に背筋を伸ばし、肩を下げます。
- この動きを5回繰り返します。

2 肩の上げ下げ
料理や食器の運搬に使う背筋の強化に役立つエクササイズです。小さなウェイトを使います。
- 背もたれがまっすぐなイスに深く腰掛けます。必要なら、背もたれにクッションをおいて、背中を支えてください。
- 肩の力を抜き、手を両脇に置いたまま、ウェイトを持ちます。
- 背筋を伸ばし、お腹を引き締めます。
- 肩を耳に付けるように縮めます。この位置で、しばらく止めてから、肩を下げます。ひじは軽く曲げます。
- 5回で1セットとし、3セット行います。

3 腰のストレッチ
腰を支える筋肉を強化するエクササイズです。1日中立ち仕事をしたり、お腹に赤ちゃんを抱えている場合、この部分の強化は、たいへん有効です。
- イスの横に立ち、図のように、イスを左手で持ちます。左足を前に出して、右足を後に下げ、右足はかかとを上げてつま先だけを床につけます。体重を両足に均等にかけ、お腹を引き締め、背筋を伸ばします。
- 同時に両膝を曲げ、骨盤を前に押し出し、左の太ももの筋肉が引っ張られていると感じるまで、お尻を下げます。そのままの姿勢で5つ数え、足を替えて同様に行います。

農業・畜産業

農業には体力を必要とする仕事が多く、化学薬品や病原菌によって、胎児の健康を害する危険性もあります。妊婦や、妊娠を考えている人は、これらの問題を頭に入れ、特別な注意を払う必要があります。

肉体的緊張
体を酷使しないよう気をつけましょう。特に、流産の危険性が高い妊娠初期は充分注意を払います。普段よりも、はるかに疲れやすくなりますし、妊娠ホルモンが靱帯を弱めるので、筋肉を緊張させるのは危険です。

振動
トラクターやオフロード車の運転は、激しい衝突や、振動、揺れの心配があるので、できるだけ避けましょう。

運搬
P.78～80で詳しく述べたとおり、妊娠中は、時期にかかわらず、重いものを持ち上げるべきではありません。暴れたり蹴られたりする可能性のある動物の扱いには特に注意しましょう。これは、帝王切開の手術を受けて日が浅い女性にも当てはまることです。

化学薬品
農業従事者には、農薬や洗羊液のような化学薬品に接触する潜在的な危険性があります。毒性は、薬品のはねが付着した皮膚から吸収されたり、吸入で体内に取り込まれます。「農薬管理規定」(1986)によって、有害物質は、「SK」と表示されています。全製品のラベルをチェックし、このような物質に接触する場合は、ゴーグル、手袋、作業着、長靴で体を保護しましょう。

感染
動物との接触によって、特に感染の心配がある病原菌が2種類あります。感染に関してはP.25に詳しく載っていますが、ここでは特に農作業による感染が心配な病原菌を挙げておきます。

トキソプラズマ
動物のフンには、感染の危険性がある病原菌が存在していることを意識してください。

クラミジア
出産時の羊から感染します。雌羊とその胎盤、生まれたての羊には、直接触れないよう、妊婦は充分注意します。もし、どうしても羊の出産に手を貸さなければならないときは、手を洗うこと、手袋をはめることの2点を必ず守ってください。汚れた衣類を扱う際も、同じく注意が必要です。

園芸業

園芸関係の仕事にも、農業の場合と同じような多くの危険がつきまといます。しかし、園芸に特徴的な問題のひとつとして、前かがみの姿勢による、重度の腰痛が挙げられます。

妊娠中は、特に腰に充分注意が必要です。なぜなら、大きなお腹を抱え、上手に体のバランスを取らねばならないからです。体内を巡っている妊娠ホルモンによって、筋肉と靱帯が弱くなっていることも忘れてはなりません。

膝当てをしておいて、可能な限りひざまずいたり、手元で作業できるような位置に立つよう心がければ、筋肉を伸ばさずにすみます。また作業中に、はしごや木にのぼるのはやめましょう。

感染

散布された農薬、肥料などの化学薬品によって汚染された土、トキソプラズマ症。土を扱う仕事をするなら、この3点に注意せねばなりません。庭によくあるネコのフンも病気を媒介します。作業するときは、予防措置として手袋をはめ、土のついた植物や用具を扱ったあとに、手から口へと病原菌を取り込まないよう、注意しましょう。土に触れたあとは、手をしっかり洗いましょう。

園芸用品を使う

掘りおこす、耕す、切る、刈る、これらはすべて、潜在的な危険性をもつ道具を使って行う作業です。妊娠中は、これらの用具の扱いに特別な注意を払い、ケガを避けるようにしなければなりません。木を扱う仕事は避けましょう。落ちてきた枝でケガをする可能性がありますし、よく切れ味のノコギリを扱うのは危険です。

もし、あなたの仕事が庭園の改造で、敷石を置いたり、トレリスやフェンスを立てたり、掘削作業をするとしても、あなた自身で大きな物を移動させたり、持ち上げたり、大きな穴を掘ったりしないことです。これらはすべて流産の原因になりますし、ひどく筋肉を痛めるもとになります。

肉体労働

園芸作業は苛酷な肉体労働ですので、充分な休憩を取るよう心がけましょう。休みを取れば、疲れ果てることもありません。強い直射日光の下で作業するときは、暑気あたりしないよう対策を立てましょう。妊娠中は普段よりもはるかに熱にばてやすくなります。帽子をかぶるなど、体を直射日光にさらさないようにし、日陰で休憩をしっかり取りましょう。

熱のこもった温室での作業にも注意が必要です。気温の高い環境では気分が悪くなったり、気を失ったりすることがあります。このような肉体労働をする際は、充分な水分補給が大切です。しかし、できることなら妊娠中は、肉体を酷使する仕事を避けたいものです。

旅行業

旅行そのものは、妊婦や胎児にまったく危険はありませんし、出産の数週間前まで、飛行機で移動することも可能です。しかし、妊娠初期に海外旅行に行くのは避けるのがベストです。血液検査と超音波検査で妊娠の経過が順調であることがわかってからにしましょう。

妊娠3ヶ月までは流産の危険があることや、子宮外妊娠の可能性があることを忘れてはなりません。また、医療設備のすぐれた国も多くある一方、遅れている国もあります。たとえ医療設備が整っていても、外国で入院したら、あなたが普段頼りにしている人々のサポートをまったく受けられない、厳しい状況に直面せねばなりません。

乗り物酔い

妊娠初期は、特に乗り物に酔いやすくなります。これは、自動車、船、飛行機の揺れなどによって起こります。乗り物酔いを避けたり、軽くするためには、長時間胃を空にしないことです。定期的に少しずつ食事し、ブドウ糖を使ったお菓子や、クラッカーなどを持ち歩いて、空腹の虫は即撃退します。旅行中はカフェインとアルコールを避け、気分が悪くなったら水をたっぷりと飲み、体液を入れ替えましょう。

感染の危険

食品の衛生状態がよくない場所、例えば屋台や海辺のカフェでの食事には注意が必要です。調理場の汚れ、不充分な加熱、保存状態の悪さ、低温殺菌されていない食品などによって、サルモネラ菌、大腸菌、リステリア菌は、容易に繁殖します（食中毒に関してはP.25をご覧ください）。充分に手を洗い、汚染された水を使って野菜を洗ったサラダを避け、自分で皮のむける果物を食べましょう。氷やアイスクリームも、水の悪いところでは、危険性があります。

もし病気になったら、薬に頼らず、ミネラルウォーターをたっぷり飲みます。もし症状が続いたり、苦痛があるなら、早めに受診し、妊娠中であることを最初に伝えましょう。

バスや飛行機などの狭いスペースで多くの人と接触すると、ウィルスや菌をもらってくる可能性が高くなります。もし、乗客の中に熱がある人がいると気付いたら、その乗客に近寄らないようにし、同僚にその理由を伝えましょう。

免疫

常に体に免疫をつけておくことが大切ですが、妊娠中の予防接種は、胎児に害を及ぼす危険性があります。もし病原菌に身をさらすなら、あなたと医師とで、発病という結果よりもワクチン接種のほうが危険度が高いかどうか、結論を出さねばなりません。この分野の専門家と話し合った結果、妊娠中に抗マラリア薬だけは飲んでおくことをおすすめします。マ

ラリアにかかりやすい地域に旅行するなら、医師に相談してみましょう。

時差ぼけ

航空会社に勤務している場合、時差のある地域への長時間のフライトによって、体内時計が狂ってしまいます。妊娠中は、体内時計の調整が普段よりはるかに難しいと感じたり、疲れ切ってしまったりするでしょう。妊娠中は、短時間のフライトか地上勤務に替えてもらえないか、雇用主に相談してみましょう。

危険なスポーツ

仕事の中に、スポーツやアクティビティの監督も含まれているなら、ダイビングや、水上スキー、スカイダイビングのような危険なスポーツは避けましょう。

　圧縮した空気を使うダイビングや、体に圧力のかかる状態は、胎児に深刻なダメージを与えます。その理由は、ガスの気泡が母体の血液に入ると、潜水病を起こす危険性があるからです。ですから、圧縮空気を使うダイビングなどは、妊娠中、絶対避けねばなりません。

自宅からの距離

妊娠後期まで旅行を続けているなら、あなたが選んだ医療施設や頼りにしているスタッフから離れた場所でお産をする危険を冒しているのだと自覚しましょう。出産の数週間前からは、自宅と病院から45分以上かかる場所には行かないのがベストです。

日焼け

気温の高い国では、直射日光に肌をさらして働くことになります。妊娠中は高温に弱くなり、気を失ったり、大量に汗をかいたり、暑気あたりしやすくなります。ですから、妊娠中は、できるだけ日陰で過ごすようにし、しばらく太陽の下で過ごさねばならないときは、帽子、サングラス、Tシャツで体をカバーします。脱水症状を避けるため、常に水分を補給しましょう。

制服

制服が体に合っており、窮屈でないことを確かめましょう。もし船員のように制服着用が決められているなら、お腹が大きくなっても着られるよう、大きめのサイズを注文しておきましょう。また、靴は、はきごこちのよいローヒールにしなければなりません。

> あなたがどのような業界で働いているにしても、妊娠がわかったらすぐに雇用主に伝えましょう。そうすれば、あなたと赤ちゃんにとって快適で安全な職場環境を期待することができます。

雇用主は、妊娠中の従業員に対する法的義務、すなわち、法律にうたわれている責務について知らなくてはなりません。あなたも自分自身の権利と、雇用契約によって与えられている権利、つまり追加出産手当のように、産休を取得している女性に対して会社が提供する特別の権利について知識をもつことが大切です。妊娠がわかったらすぐに、就業規則について不明な点があれば契約書を確認したり、人事部や労働組合に質問しましょう。

　出産休暇に入るまでのあなたの権利は、妊婦検診や母親学級に参加するための休暇の取得が中心で、その権利は就業している期間に関係ありません。しかし産休に入ってからの出産手当には様々な種類があり、妊娠した時点での就業期間、給与額、雇用契約によって受給額が変わってきます。自分の将来について決断を下す前に、自分のもつ選択肢を理解しているかどうか、確かめてください。

　病気になったり、復職する気がなくなった場合、また職場復帰後も母乳育児を続けると決めたり、不当に解雇された場合などのような思いがけない状況に至っても、自分の権利を理解していれば対処しやすくなります。自分にどのような権利があるのか、他人が教えてくれることを期待してはいけません。他人は、あなたの権利をよく思わなかったり、自分に都合よくごまかすかもしれません。もし、より専門的な助言が必要なら、「マタニティ・アライアンス(注1)」に連絡を取ってください。この団体は、妊産婦の権利と給付金に関するパンフレットを制作しています。残念ながら、妊産婦に与えられた権利の多くは正社員のみが対象で、契約社員(派遣や臨時労働者)や自営業者には適用されません。もし、あなたがこれら対象外に当てはまるなら、「マタニティ・アライアンス」や市民相談所に問い合わせ、詳しい情報を得るのが一番です。

注1 日本では、各都道府県の女性少年室に当たる。
注2 本書では、妊産婦の労働や権利、保護法について英国の事情をもとに紹介しています。日本での対応については、各項目の注を参照してください。

妊産婦と法律（注2）

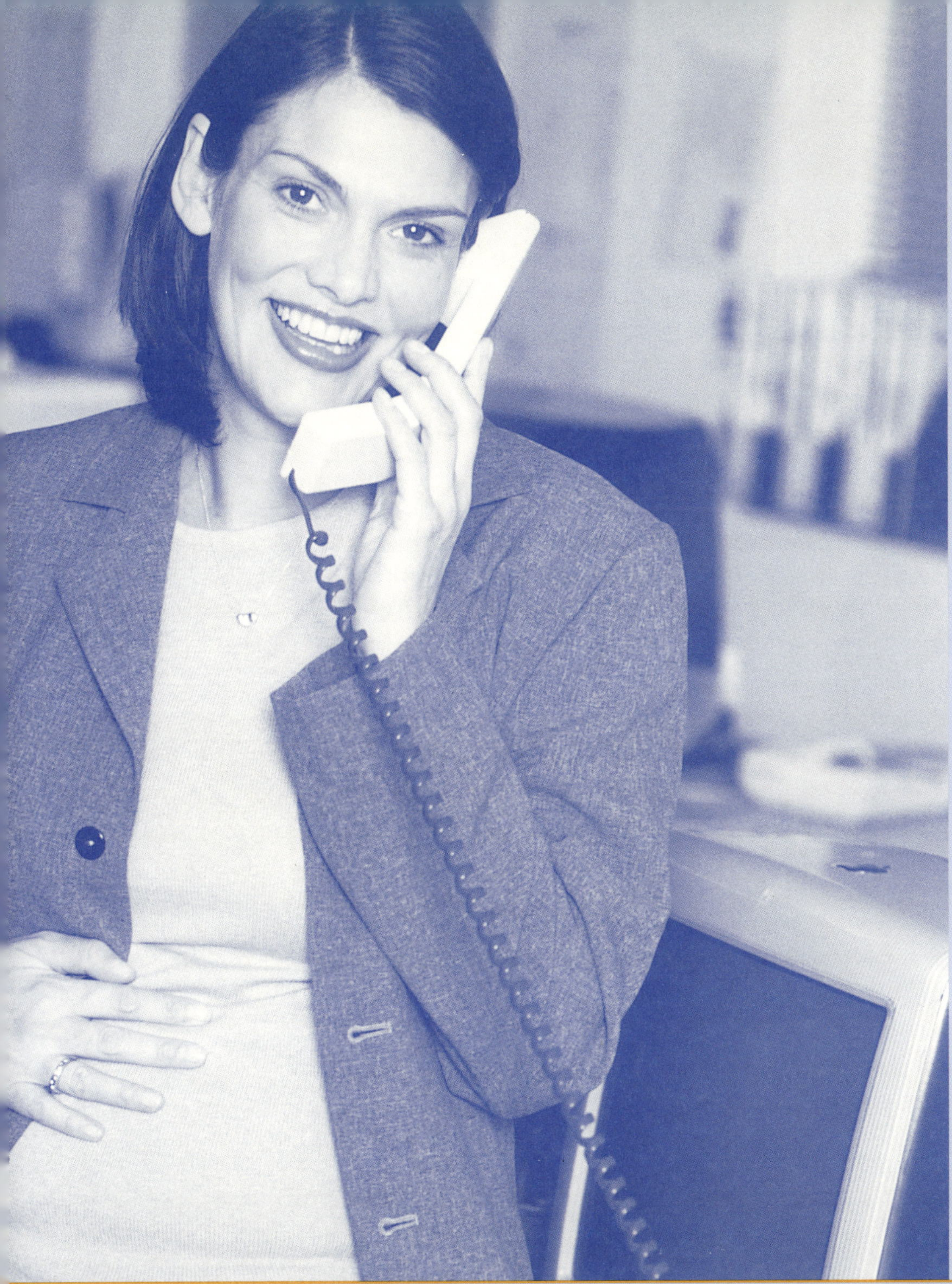

妊産婦の権利

妊娠6ヵ月になると、医師や助産婦から"MAT B1"(注1)と呼ばれる妊娠証明書が発行されます。妊娠について必ずしも雇用主に報告する義務はありませんが、出産休暇を開始する21日前までには知らせなければなりません。ただ一般には、通知時期はできるだけ早いほうがよいでしょう。妊娠した従業員には次のような権利が保障されます。

出産休暇は、出産予定週の11週間前から取ることができます(注2)。出産予定週の11週間前とは、およそ妊娠29週目にあたります。(正確には、出産予定日直前の日曜日から数えて、11週間前の日曜日から休暇を取ることができます。つまり出産予定日が6月1日の場合3月11日から休暇を取ることが可能です。したがって雇用主への通知は2月18日までに行わなければなりません。) 一般には、後任を探す必要から、雇用主はできるだけ早い通知を望んでいます。出産休暇の開始日は雇用主ではなく妊婦本人が決めます。出産直前まで働くこともできますが、妊娠によって病気にかかることもあり、実際は状況によって左右されます。出産休暇願いは口頭ではなく書面で行います。雇用主に提示を求められたときのために、妊娠証明書"MAT B1"(注1)のコピーも用意しておきましょう。出産休暇願いには出産予定日、休暇開始日を記入し、さらに法定出産手当の支給を求める旨を書き添えます。出産後に復職するか否かについては、この時点で明らかにする必要はありません。

法定出産手当

法定出産手当は、出産予定週から15週前、つまりおよそ妊娠26週の時点で受給資格が判定されます(正確には、出産予定日直前の日曜日から数えて、15週間前の日曜日から始まる週)。法定出産手当を受給するには、受給資格判定週の末までに26週以上同じ雇用主のもとで勤務していなければなりません。さらに、資格判定週の終わる前日までで8週間(週給の場合)もしくは2ヵ月間(月給の場合)の平均給与が税込みで67ポンド以上でなければなりません。また、この資格判定週の末まで就業している必要があります。

法定出産手当は、出産休暇開始から18週間支給されます。このうち最初の6週間は、平均給与額の90パーセントが支給されます。平均給与額は、受給資格判定週の末までに受け取った給与のうち、最後の給与支払日から8週間(もしくは2ヵ月)さかのぼり、その間に支払われた給与を平均した金額です。産休開始から6週間経過した後の12週間は、一律週60ポンド20ペンスの手当が支給されます。支払い方法は給与と同じで、控除も変わりません。

この手当は、出産後の復職の意向いかんにかかわらず受け取ることができます。たとえ復職しなかったとしても、返金する必要はありません(注3)。

出産給付金

妊娠したとき継続的に就業していなかったり、転職したり、また自営業の場合は、法定出産手当を受給できません。そのような場合に、出産給付金(標準出産給付金か変動出産給付金の

いずれか)が支給されることがあります。出産予定週の直前66週間のうち、26週間以上就業していた人には出産給付金が支給されます。このうち、週平均67ポンド以上の収入を13週間(必ずしも連続していなくてもよい)得ていた人には、週60ポンド20ペンスの標準出産給付金が支給されます。支給期間は18週間です。また、週平均30ポンド以上の収入を13週間連続して得ていた人には、週平均の収入額の90パーセント(最高60ポンド20ペンスまで)が、変動出産給付金として支給されます。こちらも支給期間は18週間です。疑問があれば、もよりの給付金事務所に問い合わせてください。(数値は2000－2001年適用のもので、毎年春に変更があります。)

通常出産休暇

通常出産休暇は18週間で、出産予定週の11週間前から取ることができます。この権利は、就労時間や勤続期間にかかわらず、すべての従業員に保障されています。また出産休暇後は、同じ仕事に戻る権利が保障されています。通常出産休暇が終了する18週間を待たずに復職しない限りは、雇用主に復職予定日を通知する必要はありません。

早めに復職する場合は、雇用主に21日前に通知する義務があります。ただし、出産後2週間は出産休暇を取ることが義務づけられているので、その間は復職できません。通常出産休暇中は、法定出産休暇手当を受給できます。

追加出産休暇 (注4)

出産予定の前週までに1年11週勤続していれば、通常出産休暇のほかに追加出産休暇を取ることができます。追加出産休暇中は、会社の就業規則で特に定められていない限り無給です。追加出産休暇を利用すると、出産後29週間、復職を遅らせることができます。通常出産休暇の場合と同じく、29週間の休暇終了前に復職を希望しない限りは、復職の予定日を雇用主に知らせる必要はありません。ただし出産休暇開始から15週間過ぎると、出産日と復職の意志を問う手紙が雇用主から届くことがあります。このとき雇用主は手紙のなかで、あなたの追加出産休暇の終了日を知らせ、21日以内に返信が必要である旨を明記することになっています。もしこの手紙に対し21日以内に返信しなければ、不当に解雇されたとき不利な要素になることがあります。

追加出産休暇を終えて復職するときにも、同じ仕事に復帰する権利が保障されています。ただし社内組織の再編など、正当な理由でそれが不可能な場合は、同様の条件で相応な仕事に就く権利が保障されています。出産前の仕事に復帰したくない場合には、就業時間の短縮、パートタイムへの切り替え、ワークシェアリングなど、雇用主に勤務形態の変更を要求することができます。雇用者には復職者の要求に応える義務があり、要求を拒否するには業務上の正当な理由が必要です。正当な理由があれば雇用者の主張が認められ、従業員の要求が受け入れられないこともあります。

注1 日本では「母性健康管理指導事項連絡カード」。

注2 日本では産前6週間(多胎妊娠は14週間)産後8週間。

注3 各勤務先、社会保障事務所、健康保険組合な問い合わせて下さい。

注4 日本では産後1年以内。

企業の福利厚生制度

調査によると、1999年の英国国内の女性就業人口は1180万人です。これらの女性のうち40パーセントには、18歳未満の子どもがいます。現在、初産の平均年齢は26.9歳で、このとき多くの女性がすでに社会的地位を得ています。

働く母親が増え、労働人口にワーキングマザーが占める割合も高くなるにつれ、彼女らのニーズに答えようと、出産に配慮して就業規則を見直す企業が増えています。法律で最低限の基準は決められていますが、妊婦や子もちに対する待遇は会社によってさまざまです。法定基準だけを満たしている会社もあれば、支給額や休暇期間を増やし、法定基準以上の待遇を与えているところもあります。

就職する際、出産に関する待遇を重視して会社を選ぶ人はあまりいないでしょうが、他の会社の条件を知っていれば、勤務する会社の公平性もわかります。しかし待遇改善に関しては、手当の額が不足しているということでもない限り、なかなか応じてもらえないでしょう。しかし女性労働力の重要性が高まるなか、経営者たちには制度の改変に応じる柔軟さが求められています。

法定基準を上回る出産手当

会社によっては出産休暇後の復職をうながすため、法定手当に一定額を加算して支給しているところもあります。加算分はたいてい一括して復職後に支払われます。一般には出産手当の増額は、有給出産休暇の延長という形で行われます(延長期間は勤続年数によって異なる場合がほとんどです)。最初の6週間に支給される法定出産手当(給与の90パーセント)を給与と同じ額に引き上げるという会社もあります。ただしこの同額支給の期間が6週間通してとは限りません。またその後の12週間(法定手当が小額の期間)に給与の半額を支給するケースや、18週間を通して給与の全額を支給するケースなどがあります。有給出産休暇を延長するケースでは、最長52週間というところもあります。また、6ヵ月の有給休暇プラス12ヵ月の無給休暇というところもあります。出産休暇は、有給か無給かによって利用率が違ってます。

> **妊婦健診**
> 妊娠中は、定期的にかかりつけ医として登録してある医師や助産婦の健診を受けます。健診を受ける権利は、就業規則や勤続期間にかかわらず、すべての従業員に保障されており、健診に必要な時間は有給で保障されます(パートタイムやシフト制の場合は就業時間と重ならないように調整を求められるかもしれません。しかし調整が無理だった場合でも健診の時間は保障されます)。雇用主によってはリラックス法のクラスに理解を示さない人がいるでしょう。しかし、かかりつけ医、助産婦、巡回保健婦のアドバイスに基づいてこういったクラスに参加する限り、これも妊婦ケアの一部であると国が認めています。

育児休暇（注1）

イギリスでは1999年12月15日に育児休暇を認める法律が新たに制定されました。これによって1999年12月15日以降に生まれた子どもひとりにつき、両親それぞれが13週間の無給休暇を取ることができるようになりました。ただしこの休暇の利用は、勤続年数が1年以上で、5歳未満の子をもつ人に限られています。養子縁組の場合は、縁組成立から5年間は育児休暇の権利が保障されます。また、子どもが障害生活給付金の受給者である場合は、利用期間が18歳まで引き上げられます。休暇は1年間に4週間が限度で、利用する場合には21日前に雇用主に通知しなければなりません。
会社によっては、1999年12月15日以降に生まれた子どもという限定条件(現在EUの育児休暇指令に反するとして係争中)を削除することで、制度を改善したところもあります。ただしいずれの場合にも事前通知は必要です。また、子どもが5歳までという取得期限を延ばしたり、1年に4週間までという取得条件を延長したケースもあります。その他、休暇利用資格や、事前通知の条件を緩和したり、なかには有給育児休暇を認めている会社もあります。このように待遇が法定基準を上回る場合もあるので、育児休暇制度について会社に聞いてみるとよいでしょう。

注1 日本では育児介護休業法により、子が1歳に達するまでの間、事業主に申し出ることにより、父親、母親のいずれでも育児休業を取ることができる。

男女の雇用機会均等

最近では女性労働者のニーズに答えようと、出産後の復職を支援する会社が増えています。出産休暇の延長、労働時間の短縮、フレキシブルな労働形態、復職にともなう報奨金など、女性の家庭と仕事の両立を支援する制度が採用されています。またフレックス労働が一般化するにつれ、雇用者の間でもその利点が認められるようになり、今では、かなり多くの会社がフレックス制を取り入れています。しかし、こういう傾向に否定的で、男性という「確実な労働力」を偏重する雇用主もいますが、これはれっきとした性差別です。このような問題について詳しいアドバイスが必要な場合は、男女機会均等委員会に相談するとよいでしょう。

女性は子育ての責任について、ごく当然なことを、ようやく要求し始めましたが、根本的な問題の解決にはつながっていません。問題は、家族の世話をするのは女性だという古い考え方そのものにあります。多くの会社では父親の有給育児休暇など夢のまた夢であり、父親と母親が子どもたちの毎日の世話を同等に受け持つという考え方もほとんど受け入れられていません。さらに、同じ仕事に従事している男女間でいまだに給料格差があり、男性たちはこれを根拠に女性の仕事はさほど重要でないと考えがちです。

会社のためにも、そこで働く従業員のためにも、これからは男女の雇用機会均等が実現されなければなりません。そのためには、実際に家庭と仕事を両立できる選択肢が、女性にも男性にも与えられなければなりません。

その他の法的権利

会社には就業規則をつくる義務があり、そのなかで妊娠中や復職時に不測の事態が起こったときに守られるべき従業員の立場が説明してあるはずです。就業規則に目を通したことがあるでしょうか？　まだという人は、解雇されそうになったり雇用契約上の権利が侵されそうになったとき、手当や補償を受ける権利をむざむざ手放すことになるかもしれません。

職場の配置転換

妊娠、出産、出産休暇にともなって、雇用主が従業員の配置転換を行うことは法律で禁じられています。しかし実際に出産休暇が明けて職場に復帰したとき、配置転換を命じられたら、どうすればよいでしょう。しかも給与が低くなったり、勤務地が変わったり、職場での地位が低くなっているかもしれません。すでに別の人が自分の仕事を担当していることもあります。

　そういうときは、まず雇用主に不服であることを伝えます。そして新しい仕事に従事するとしても、納得しているわけではないことを書面で表明しておきます。もし労働組合があれば、その代表者に会って事情を説明します。それでも雇用主との間に折り合いがつかない場合は、雇用審判所に性差別や不当解雇の訴えを起こすことができます。ただしこの訴えは復職後3週間以内に行わなければなりません。

　ただしこれは法律が絡む非常に込み入った問題なので、市民相談所、「マタニティ・アライアンス」、法律相談所のいずれかに相談することをおすすめします。最新の情報に基づいたアドバイスがもらえるでしょう。

一時解雇

妊娠や産休を理由に、一時解雇の対象とすることは法律で禁じられています。もしそういったことがあれば、不当解雇や性差別の訴えの対象になります。ただし産休中でも、合法的に一時解雇の対象者に選ばれることもあり、その場合は元の仕事と相応な仕事に欠員が出たとき優先的に就業できます。産休中に対象となった場合は、他の対象者よりも優先権があるので、適当な仕事に欠員が出たのに雇用主が就業の機会を与えなかった場合は、不当解雇の訴えを起こすことができます。

雇用契約上の権利

　1996年の雇用権利法の条文によると、18週間の通常出産休暇中は、出産手当以外に従業員一般の権利も保障されています。たとえば一般の休暇を取得する権利もそのひとつで、取得の時期や期間も、まったく影響を受けません。また、昼食券、健康保険、ヘルスクラブの会員権、旅行補助金などの福利厚生も保障されています。会社から車を支給されている人は、出産休暇中もその車を使用し続けることができます。しかし18週間の通常出産休暇後は、追加出産休暇中であっても特別な雇用契約がない限りこういった権利は保障されません。もっとも、雇用されている事実に変

わりはありません。追加出産休暇中に適用される雇用契約上の権利義務は、解雇予告手当、解雇による退職手当、苦情申し立ての権利、懲戒処分、信任義務、誠実義務だけです。

昇給・昇進

年次昇給は、通常と同様に受ける資格があり、産休と昇進時期が重なった場合でも、昇進の対象者として考慮されます。雇用主は、昇進のための面接など必要な情報があれば、たとえ産休中であっても通知し、公平な昇進の機会を与える義務があります。

有給休暇

年20日間の法定有給休暇は、出産休暇中(通常出産休暇と追加出産休暇)も通常と変わりなく受給できます。雇用契約による付加的な休暇は、通常出産休暇中は受給対象となりますが、追加出産休暇中は対象外となります。

出産休暇中は給与全額は支給されませんが、通常出産休暇中であれば、資格がある人には出産手当が支給されます。

雇用審判所(注1)への申し立て

妊娠にともなう待遇について雇用主と意見が異なり、不当に差別されたと感じた人は、次のような方法でこれに対処することができます。雇用主のなかには、従業員の妊娠によって発生する雇用主の法的義務に疎い人もいます。そのような場合は、「マタニティ・アライアンス」が作成した概況報告書を入手し、雇用主に読んでもらうとよいでしょう。それでも状況が改善せず、雇用審判所への申し立てが避けられないと感じたら、次のようなことに気をつけて申し立てを起こします。

- 解雇や差別待遇を受けた場合、申し立ては3ヵ月以内に行わなければなりません。申し立てが遅れると、正当な理由がない限り受理してもらえません。無意味な危険は冒さず、迅速に行動するようにしましょう。
- 実際に審判が始まるまでに少なくとも6ヵ月という長い時間がかかります。勝訴すれば賠償金が手に入りますが、必ず勝つとは限りません。勝訴するという前提で退職すると、補償がないまま失業することになりかねません。退職する前には法的なアドバイスを受けましょう。
- 妊娠や出産休暇によって職場で不当な扱いを受けた場合、性差別の訴えを起こすことができます。解雇された場合は不当解雇の訴えを起こすことができます。
- 雇用審判所に訴えを起こすには、市民相談所が発行する"IT1"という書類が必要です。訴えを起こしたからといって、雇用主の裁判費用を負担する義務もなく、訴えを起こすための費用もかかりません。弁護士に依頼する場合でも、勝訴したときにだけ賠償金の一部を支払う方法もあります。ただし裁判を起こす前には、裁判にともなう法的、金銭的な影響をよく理解しておかなければなりません。裁判は延々と続き、大きなストレスになるかもしれません。

注1 日本では都道府県女性少年室。

年金と補足給付

これから子育てをスタートさせる人にとって、退職はまだずいぶん先のことに思えます。会社の年金制度の基準にも、まだ充分合わせていくことができます。しかし出産や休職を考えている人は、自分のライフプランが年金受給に影響を与えないか、よく確認しておく必要があります。(以下の数字は2000－2001年適用のものです。)

マネーパーチェス型年金

個人年金はこの型に含まれます。掛け金は従業員本人または雇用主、もしくは双方が支払います。掛け金の額は給与の額によって変わります。受給できる年金の額は掛け金の総額によって決まります。

雇用主が掛け金を支払う場合、18週間の法定出産休暇中や就業規則で定められている有給出産休暇の取得中も、通常と同じ額の掛け金を雇用主が支払います。たとえ出産手当が通常の給与より少ない場合でも、金額は変わりません。

従業員本人が掛け金を拠出する場合は、出産休暇中の掛け金額は通常の給与でなく出産手当の額によって決まります。掛け金の減額分を、復職したときに穴埋めすることもできます。契約条件がさらに複雑な場合は、年金アドバイザーに相談してみましょう。

最終給与比例方式年金

これは勤続年数と最終給与額に応じて変わる年金です。法定出産休暇や就業規則で定められている有給出産休暇のように、有給で職場を離れる場合は、休暇中も年金加入期間とみなされます。雇用契約の継続性に影響はなく、最終的な年金受給権は休暇を取らなかった場合とまったく変わりありません。無給の出産休暇を利用した場合は、その期間は年金加入期間とみなされません。しかし年金受給を目的とする雇用契約は継続しているので、年金加入期間は復職後に継続されます。

国民退職年金

国民退職年金を受給するには、きちんとした国民保険料の納付記録が必要です。法定出産手当の受給期間のうち、小額の手当を受給する後半の期間は、保険料の納付が免除されます。国民保険事務所に連絡してください。出産給付金や就労不能手当(参照 →P.95)を受け取っている場合は、自動的に納付が免除されます。

法定出産手当にかかる税金と国民保険料

法定出産手当のうち最初の6週間に支給される高額な手当(通常の給与の90パーセント)に関しては、税金と国民保険料が源泉徴収されます。後半の12週間に支給される小額の法定手当は、課税対象額未満なので、税金も国民保険料も支払う必要はありません。

就労不能手当

これは法定出産手当や出産給付金を受給する資格がない人のための手当です。国民保険料を、前課税年度とさらにその前の課税年度(たとえ本年度は納付していないとしても)に納付

した人は、週50ポンド90ペンスの手当を受給することができます。この手当は出産前の6週間と出産後の2週間に支給されます。最寄りの給付金事務所に連絡し、資格があるかどうか聞いてみましょう。この手当の受給条件は必ずしも明確ではないので、申請してみる価値はあります。

低所得者対象の給付金

生活保護、求職者税額控除、就労世帯税額控除のいずれかの適用を受けている場合は、「シュア・スタート」と呼ばれる300ポンドの出産援助金が支給されます。これは出産準備品を購入するための手当です。妊娠がわかったらできるだけ早く給付金事務所に届けましょう。出産援助金以外に、ミルクやビタミン剤が支給されることもあります。また、妊婦検診で通院する際の往復運賃が援助されることもあります。

出生届

イングランド、ウェールズ、北アイルランドの各地域では、出生の届け出は6週間以内(注1)に行わなければなりません。スコットランドでは3週間以内です。届け出は最寄りの戸籍役場で行い、赤ちゃんの名前、出生場所、結婚している場合は父親の職業を届けます。未婚の場合は、両親がそろって届け出に出向かなければなりません。戸籍役場では臨時の出生証明書が発行され、その後しばらくして正式のものが発行されます。正式の証明書を受け取るときには多少の費用がかかります。届け出はできるだけ早いほうがよいでしょう。というのも届け出が終わると、第一子は週15ポンド、第二子からは週10ポンドの児童手当が支給されるからです。また、赤ちゃんの国民保健サービス番号がもらえるので、赤ちゃんのかかりつけ医登録を行うことができます。

遺言書の作成

7割の人が遺言書を残さずに死ぬと言われていますが、遺言書がないために財産、年金、親権などの問題で、配偶者や子どもたちがトラブルに巻き込まれる場合もあります。親になった以上、遺言書は必ず作成しましょう。養子縁組や義理の親子関係など、家族や財政問題で込み入った事情がなければ、市販されている用紙でも遺言書を作成することができます。

　また、両親がふたりとも死亡した場合を考え、子どもの後見人を選んでおくことも重要です。遺言書には後見人の名前を明記します。後見人を選ぶときには、近親者のなかから、幼い子どもの世話をするのに適当な、あまり高齢でない人を選びます。また、実の親同様に子どもを世話してくれる人でなければなりません。ふさわしい人がいるか、配偶者とよく相談してみましょう。

注1 日本では14日以内。

産休に入る時期

法律が改正され、追加出産休暇の受給資格が緩和されたので、多くの女性従業員がこれまでより長い休暇を取得できるようになりました。それでも育児に取り組んでいるうち、あっという間に時は過ぎ去ってしまいます。初めての出産の場合は特にそうです。

出産前に長い休暇を取れば、それだけ出産後の休暇が短くなり、復職まで赤ちゃんと過ごす時間が減ります。そのため多くの女性は出産予定日ぎりぎりまで働こうとしますが、これは、妊婦の仕事内容や健康状態を考慮して判断しなければなりません。

産休に入る時期は妊婦本人が決めます。法的には出産の11週間前から休暇を取得できることになっていますが、出産直前まで働くこともできます(妊娠中には余病を併発することがあり、最後の6週間は希望どおりにならないこともあります)。出産休暇のほかに育児休暇を取る資格がある人は、ふたつの休暇を続けて取ることも可能です。ただし育児休暇を取る前には雇用主に通知する必要があります。育児休暇について雇用主と話し合い、取り決めたことはその場で文書にしておきましょう。

肉体的ストレス

レストラン勤務、販売員、教職など、体に大きな負担がかかる仕事に従事している人は、低体重児の出産や早産といった危険に、胎児をさらしていることになります。妊娠後期の3ヵ月は特に注意が必要です。仕事の疲れで母体に負担がかかると、胎盤を通して胎児に供給される酸素や栄養素が減少します。就業中は必ず適度な休憩を取り、午前と午後に1時間ずつ、足を上げて休むようにしましょう。

精神的ストレス

身体的負担がなくても、精神的ストレスが大きい仕事もあります。そのような場合、妊婦は強い不安を感じたり、血圧が上昇する危険があります。絶え間ないストレスを感じると、ストレスホルモンが分泌されますが、その影響が胎児に及ぶと、神経系の未発達、低体重での出生、小頭、早産などを引き起こすかもしれません。したがって一日中デスクに座っているからといって、必ずしも安心はできません。妊娠後期の妊婦と胎児の健康を損なうおそれのある仕事かもしれないからです。職場での自分の気持ちを正直に考えてみましょう。競争が激しい職場で結果を出すことを求められてはいないでしょうか？ 残業を断わりにくく、就業時間が長すぎはしないでしょうか？ そのような職場では母体と胎児の安全が保障されません。早い時期に出産休暇に入るのが得策です。

通勤によるストレス

あなたの仕事は、職場でのストレスが少ないかもしれません。しかし通勤に関してはどうでしょうか？ ラッシュアワーの混雑した電車のなかで長時間立っている、バス停で長時間待つ、長い距離を徒歩で通う、駅の階段を昇降する……1日に2度こんな状態を繰り返していませんか？ このような通勤方法では、妊娠後期になるとつらさが増しますので、避け

るのがベストです。別の通勤手段を探すようにしましょう。そして早めに休暇に入ることをおすすめします。

休暇の期間

数週間に及ぶとは言え、多くの母親にとって産休は飛ぶように過ぎていきます。気がつくと保育者を探し、復職を考える時期が来ています。親になるための充分な時間もないまま、いきなり復職という現実に直面するのは非常に大変なことです。小さな赤ちゃんを家に残すのは忍びないでしょう。そこで、まだ復職するのは早すぎると思ったら、雇用主に相談し、年次有給休暇や育児休暇を利用して休暇を延長することを考えましょう。ただしこれには雇用主の同意が必要で、勝手に休むことはできません。

　前にも触れたように、初産のあとの健康状態がどうなるかは、実際に出産が終わってみなければわかりません。産後の肥立ちがよい人もいれば、そうでない人もいます。これは周囲の協力に大きく左右されるので、出産直後の数ヵ月は、できるだけ人の助けを借りるようにしましょう。頼れる人がいるのに、ひとりで頑張っても、何のメリットもありません。最後には疲れ切ってしまい、母子ともども張り詰めた、不安な状態に陥るだけです。親族など心安い人に頼りましょう。きちんとした状態で復職したいと思ったらなおのことです。

復職の延期

　どう考えても復職を延期したほうがいいと思われるケースもあります。ただしこの場合でも、出産休暇自体を延長することはできません。従業員の復職の権利は、通常出産休暇の18週間と追加出産休暇の29週間は守られていますが、出産休暇を延長すれば、この権利が保障されなくなるからです。そのため考えられるのは、出産休暇のあとに一般の休暇や育児休暇を利用することです。また雇用主に無給休暇を認めてくれるよう相談してみてもよいでしょう。ただしこれは任意休暇として扱われ、復職したとき同じ仕事や同様の仕事に就く権利は失われるでしょう。それでも復職を延期したほうがよい場合があります。たとえば、赤ちゃんの健康状態に問題があったり母乳やミルクの飲みが悪かったり、母乳のみで育てている場合、また出産後の体の回復に予想以上に時間がかかったり、復職後の仕事の負担が大きすぎたり、納得のいく保育者が見つからないという場合です。そんなときには慎重に判断しなければなりません。直感的に復職を延期したほうがいいと思いながら、無理に復職するのは賢明ではありません。パートナーや親族とよく話し合ってみましょう。復職の予定日は、絶対に変更できないというものではありません。体の具合が悪ければ、疾病休暇を取る方法もあります。育児や授乳の関係で、復職後の就業時間を変更したければ、雇用主に相談することもできます(参照　→ P.144〜145「フレキシブルな働き方」、P.146〜147「パートタイム」)。

妊産婦の病欠

妊娠中や出産休暇中に病気になったら、どのような処遇を受けるのでしょうか？　妊娠にともなって発病したことを理由に、従業員を解雇することは性差別や不当解雇にあたり、法律で禁じられています。また流産による欠勤も同様の扱いになります。

妊娠に関連した理由で雇用主が従業員を解雇したのなら、それは取りも直さず雇用主が妊娠の事実を知っていたという証拠になります。このような解雇に対しては、勤続年数にかかわらず、従業員は権利を保障されます。

妊娠中の病欠の扱い

妊娠による発病で欠勤すると、産前6週間以内であれば、本人の出産休暇開始希望日にかかわらず、自動的に出産休暇に入ったとみなされる場合があります。しかし妊娠34週未満の欠勤であれば、妊娠に関連する病気でも、通常の疾病休暇扱いになります。しかし雇用主によっては、欠勤が長期にわたり、産前は勤務できないと思われる場合を除いては、多少の欠勤は見逃し、本人の希望通りに休暇を開始させてくれる場合もあります。病欠記録に関しては、妊娠に起因するものはどんな病気であれ一般の病気とは区別され、通常の病欠記録に記載されることはありません。

妊娠に起因する病気

自分の病気が妊娠に起因することを証明するのは容易ではありません。妊娠が原因で起こる病気といっても、一般の人にもみられる病気だからです。そのような病気のひとつに高血圧があります。高血圧の多くはストレス、塩分や飽和脂肪の多い偏った食生活、肥満などによって引き起こされますが、妊婦も胎児と胎盤を抱えているため高血圧になりがちです。病気が妊娠と直接結びついていることを、雇用主が納得してくれなければ、医師に診断書を書いてもらいましょう。

法定出産手当への影響

妊娠中でも、ある程度まとまった期間欠勤すると、雇用主から週60ポンド20ペンスの法定疾病手当が支給されます。ところが、法定出産手当を受給するには妊娠26週未満の8週間に、週67ポンド以上の給与を受けていなければなりません。つまり法定疾病手当の60ポンド20ペンスでは、法定出産手当の受給に必要な条件を満たせないというわけです。雇用主によってはこの基準を満たすように、法定疾病手当に一定額を加算して支払ってくれる場合もあります。しかしそれでも通常の給与よりは額が少なくなるでしょう。通常より給与の額が少ないということは、それを基準にして算出される法定出産手当の額も少なくなります。法定出産手当は給与の90パーセントと決められているからです。万一、法定出産手当の受給条件を満たすことができなかった場合は、出産給付金を申請することができます。

出産休暇中の病気

法定出産休暇中は、たとえ病気にかかっても、法定疾病手当や就業規則で定められている疾病手当を受給することはできません。就労不能手当については受給が可能な場合もあります。追加出産休暇中も、給与額が一定の基準を超えていなければ、法定疾病手当は受給できません。ただし就労不能手当は受給できる場合があります。詳しくは、給付金事務所に問い合わせてください。

復職時の病気

出産休暇が終わりに近付いても、体調不良で復職できない場合もあります。このようなときにも従業員が不当解雇や性差別の被害を受けないよう、従業員の立場は法律で守られています。通常出産休暇と追加出産休暇が終了すると、たとえ体調不良で復職できなかったとしても、形式的には復職したことになります。そして新たに、就業規則で定められた病欠の扱いになります。法定疾病手当の受給資格がない場合は、就労不能手当を申請できます。給付金事務所で医師の診断書を提示してください。

　雇用主に対しては通常どおり病気であることを伝え、必要があれば医師の診断書を提示します。これによって通常の疾病休暇の規則が適用されます。病欠記録について言うと、病気が妊娠に起因するものであれば、病欠記録上不利にはなりません。万一、復職できなかったために解雇されるようなことがあれば、雇用主に対していつでも不当解雇や性差別の訴えを起こすことができます。

扶養家族のための休暇

1999年12月に施行された法律によって、すべての従業員に、扶養家族の病気やけがなど予測できない緊急事態が起こった場合それに対処するための無給休暇を取る権利が保障されました。これは予測できない欠勤なので、当然事前の通知は要りません。このときの休暇期間は事態を処理するのに妥当な長さで、長期の休暇が必要な場合は新たな取り決めを行います。この休暇は勤続年数や就業時間にかかわらず、すべての従業員に保障されています。雇用主への報告はできるだけ早く行い、欠勤の理由と、休暇の期間がどれくらいになるか見通しを伝えます。

未熟児

未熟児が生まれ、通常より長い休暇が必要になった場合は、つぎのような方法で休暇を延長することが考えられます。まず、雇用主に特別休暇を申し出ます。ただし認められるかどうかは雇用主の判断次第で、申し出に法的拘束力はありません(雇用契約によっては法的拘束力が発生する場合もあります)。また、有給休暇や育児休暇を使って休暇を延長する方法も考えられます。未熟児の出産が原因で体調不良に陥った場合は、医者から病欠証明書をもらい、疾病休暇を申請することができます。いずれにしても、あとどのくらいの休暇が必要なのかできるだけ早く雇用主に報告し、適当な条件を取り決めます。

未熟児が生まれたら

妊娠37週未満で、しかも生下時体重が2,500g未満で生まれた赤ちゃんを未熟児と呼びます。また、37週未満で出生した赤ちゃんを早産児と呼びます。全妊娠の8分の1が早産であり、早産は赤ちゃんの最も多い死亡原因のひとつです。各器官が充分発育していないため子宮外の生活に適応できなかったり、体重が少なすぎてうまく体温調整ができないためです。

未熟児の多くは出生時の体重が低く、わずか1000グラムで生まれてくる赤ちゃんもいます。しかしわずか24週目で生まれてきても、医療機器や専門的処置によって救命できることが知られています。ただし残念なことに、多くの場合障害が残ります。

早産に対処する

心の準備もないまま、いきなり出産の時期を迎えるというのは妊婦にとって大変なショックです。しかも赤ちゃんが生き延びられるかどうかも定かではありません。生まれる前は医学的に健康な胎児であっても、過酷な分娩や出生後の負担のため体や脳に障害が残ることがあります。原因は脳に送られる酸素の不足や、感染などです。

　元気にまるまると太った赤ちゃんを想像し、抱きしめたくなるような赤ちゃんを期待していた母親にとって、未熟児を前にしたときのショックは相当なものでしょう。弱々しくたるんだ皮膚、血の気のない体、ひきつけるような動き。モニターだらけの保育器の中で、たくさんの点滴や栄養チューブにつながれた赤ちゃんを見れば、気が動転するかもしれません。しかもこんな状態では、赤ちゃんに触れたり、抱いたりすることさえままなりません。とりあえず、出産前に思い描いていた理想の育児はお預けです。集中治療下にある赤ちゃんに対して、自分の子どもだという実感を持てない母親も多いので、最近では両親と未熟児のスキンシップを奨励し、親は保育器の丸窓を通して赤ちゃんをなでたりします。また、両親のための宿泊施設を備えた病院もふえています。

早産の原因

多くの場合、早産の原因ははっきりしません。ただ次のような場合、早産が起こりやすいことがわかっています。

- 子宮頸管無力症などの子宮の異常。子宮頸管無力症は子宮頸管が弱かったり、子宮の奇形によって起こります。
- 複数の胎児を妊娠する多胎妊娠。胎盤を共有する一卵性の場合はとくに早産の危険があります。
- 胎盤機能不全や羊水過多などの妊娠にともなう異常。
- 高熱、尿路感染症、子癇前症などの母体の病気。
- 自動車事故や転んだ場合のような身体的ショックで引き起こされる破水。
- 過度の飲酒、喫煙、薬物中毒。
- 子宮頸管や膣の感染。

未熟児が生まれたら

その他の注意点

早産の場合、出産休暇は当然予定外に始まります。その後も健康な赤ちゃんとは成長の進度が違うので、休暇が終わるころになっても、まだその先数ヵ月間特別な世話が必要という場合もあります。出産を迎えたときも就業していた人の場合、通常出産休暇は赤ちゃんの出生日から始まります。追加出産休暇も、同様に出生日から計算されます。万一、出産を迎えた時点で雇用主にまだ妊娠の通知をしていなかったら、その場ですぐ手紙を書きます。手紙には予定日と出生日を記載し、できれば妊娠証明書(MAT B1)のコピーも同封します。さらに出産休暇と法定出産手当を申請するために、病院発行の出産証明書を同封します(未熟児が生まれ、そのために休暇を延長したい場合は、99ページで述べたような方法が考えられます)。

幸運なことに、多くの未熟児は32週を過ぎて生まれ、その後健康に育つ可能性は充分あります。とは言っても、赤ちゃんの順調な成長を確信するまで、あわてて復職しないほうがよいでしょう。

あまりにたくさんのチューブにたじろぐかもしれませんが、保育器のなかにいる赤ちゃんに触れたり、なでたりすることができます。

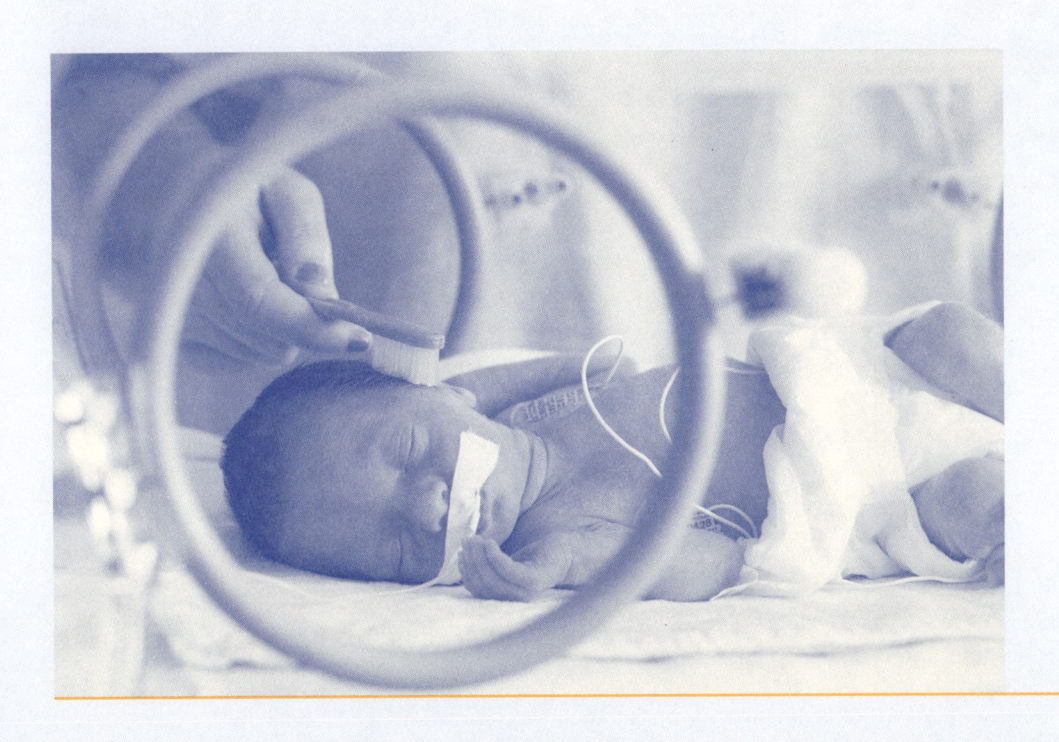

父親休暇

赤ちゃんの誕生に合わせて父親が取る休暇を父親休暇といいます。この休暇は、英国、米国とも法制化には至っていませんが、最近では出産直後こそ家族の絆や協力が大切だということが理解されはじめ、それにつれて父親休暇に対する見方も変わってきました。

父親休暇自体は法制化されていませんが、父親が育児休暇を取る権利は現在法律で保障されています（参照 →P.91）。育児休暇中は通常無給ですが、ともかく父親が赤ちゃんの誕生に合わせて休暇を取り、そばにいることができるようになったわけです。父親に育児休暇の受給資格があれば、雇用主に通知し休暇を取ることができます。雇用主はいかなる理由があってもこれを延期することはできません。このような権利が認められるようになったのも、社会の意識が変わりはじめた証拠です。会社によっては、法的に義務づけられていなくても、就業規則で父親休暇を認めているところがあります。勤務する会社の制度をよく調べてみましょう。育児休暇の受給資格がない場合は、一般の休暇を利用しなければなりません。ところが一般の休暇は事前に日程を決めておかなければならないので、出産日が遅れたり早すぎたりすると困ることがあります。

父子の絆

出産に立ち会うなんて考えただけで気分が悪くなるという男性もいますが、多くの父親は両親学級や分娩に積極的に参加しますし、育児に

父子の関係は、母子関係や夫婦関係と同じくらい特別なものです。

も積極的です。出産に立ち会うなんてとんでもないと思っていた父親でも、実際に赤ちゃんの誕生に立ち会うと、その奇跡的な体験に、当初の恐怖心を忘れ大喜びすることがあります。

　父親が妊娠や分娩の諸段階で積極的に参加すると、父子のあいだに密接な関係が生まれる可能性が高くなります。小さな赤ちゃんでも、複数の人間とつながりをもつことができます。母親のお腹で父親の声を聞きながら成長し、生まれた直後から父親とのスキンシップやアイコンタクトを経験すれば、赤ちゃんはすぐに父親と強いつながりをもつようになるでしょう。早い段階で、赤ちゃんの世話を父親に任せるようにしましょう。添い寝、授乳、風呂などの世話に父親がたずさわると、赤ちゃんは感触、におい、声で、母親だけでなく父親も識別するようになります。

あなたへのサポート

出産直後の2〜3週間パートナーが家にいるということは、あなたが家事から解放され、定期的に休憩を取ることができる、ということです。電話や訪問者にわずらわされることもなく、食べたいときに食事の支度をしてもらえます。考えてみてください。生まれたばかりの赤ちゃんに授乳し、おむつを変え、あやし、やっと寝かしつけたと思ったら、おしゃべり好きの人がお茶を飲みにやって来ることを。相手に悪気はなくても、これほどフラストレーションがたまることはありません。そんなとき夫がいればうまく追い払ってもらえます。伝統的には、家に滞在し産褥期の世話をするのは、産婦の母親です。もちろん、この方法でうまくいくなら、まったく問題はありません。ただ、たくさんの女性が家にいると、自分の役目がないと感じる父親がいるのは確かです。新米の父親としては、育児から締め出されたような気持ちになるわけです。したがって、このことについてはパートナーとよく話し合い、他の人の手を借りると決めても、父親が育児に参加できるように配慮しましょう。

子育ての青写真

赤ちゃんを家に連れて帰ってからしばらくは、育児についての青写真ができあがる時期です。子どもが生まれるとすぐ、今まで単なる恋人同士だったふたりが親同士になるわけです。初めて母親になった女性は、赤ちゃんの世話は自分の領分だと考えがちです。これは父親を疎外しようとする意識からではなく、9ヵ月もお腹に赤ちゃんを抱え、出産したせいで、母親と子どもの結びつきが自然と強くなるためです。母乳育児であれば、この結びつきがさらに助長されるかもしれません。妊娠・出産という大切な時期に、父親がそばにいる時間が少なかったりすれば、なおさらです。しかし育児を開始したこの時期に、自分は必要とされてないと父親が感じたら、それがこれから先の長い子育て期の青写真になってしまいます。父親より母親の役目のほうが重要だという印象を受けたり、手伝うつもりがうまくいかなかったときに自分の努力が無視されたと感じれば、父親はその後、育児に対して消極的になるでしょう。

　育児に関して、父親と母親が衝突することはめずらしくありません。多くの場合、衝突の中心にあるのは育児の負担を自分だけが背負っているという母親の不公平感です。そこで、育児は先々のことを考え、続けていける方法でスタートさせなければなりません。そして両親は意見を一致させ、育児に臨む必要があります。また、父親の意見も母親の意見に劣らず重要なのだとパートナーに思わせなければなりません。実際そうなのですから。

病院という非個人的な環境から、かわいい赤ちゃんを自宅に連れて帰るのは、たいへん心弾む瞬間です。初めて家族が増えたという実感が湧くでしょうし、これまで何ヶ月もかけて集めてきたお気に入りのベビー用品に囲まれ、赤ちゃんと一緒に過ごすことができるのです。自分のベッドで眠ったり、手料理を食べられることも快適に感じるはずです。

しかし、これまで赤ちゃんの世話に不安に感じたとき自信を与えてくれた病院の医療スタッフもなく、赤ちゃんに対する全責任が我が身にふりかかってきた状態に、気が動転してしまうこともあるでしょう。ですから、大半の新米ママが経験するように、産後しばらくは育児に不安をおぼえたとき、電話したり、手助けを頼める人が必要です。育児経験のある人、例えばあなたの母親とか、友人、助産婦などの力を借りましょう。あなたの心配の種が結果的にどんなに取るに足らないことでも、他人のアドバイスはありがたいものです。今のあなたにもっとも大切なのは、リラックスと自信です。それさえあれば、赤ちゃんは落ち着くはずです。

多くの家庭では、赤ちゃんの誕生がうれしくて、生まれてから数日間に親しい友達全員を招んだりします。しかし、友達を招ぶのは、もう少しあとにしたいものです。あなたの体が回復し、赤ちゃんとの生活にリズムが生まれ、大勢の来客に接する余裕ができるまで待ちましょう。自宅に帰った直後は、とても疲れるでしょうから、のんびり過ごすことです。家事はほかの人にまかせて、気にかけないことが一番です。

何よりも、母親であるという素晴らしい経験を楽しみ、赤ちゃんを抱きしめたり、キスしたり、あやしたりすることに多くの時間を使いましょう。授乳や着替えも楽しみましょう。赤ちゃんが小さいのは今のうちだけ。あっという間に大きくなってしまうのですから。

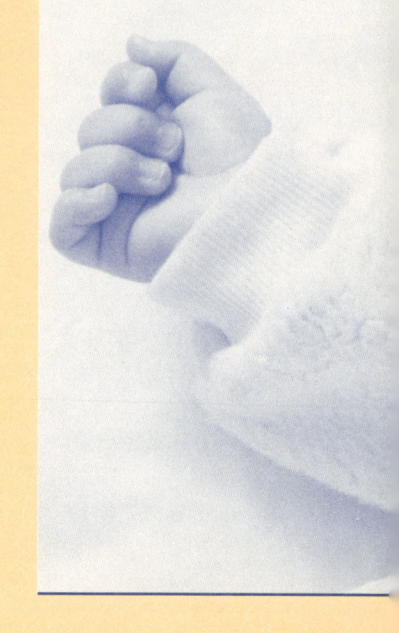

家庭で

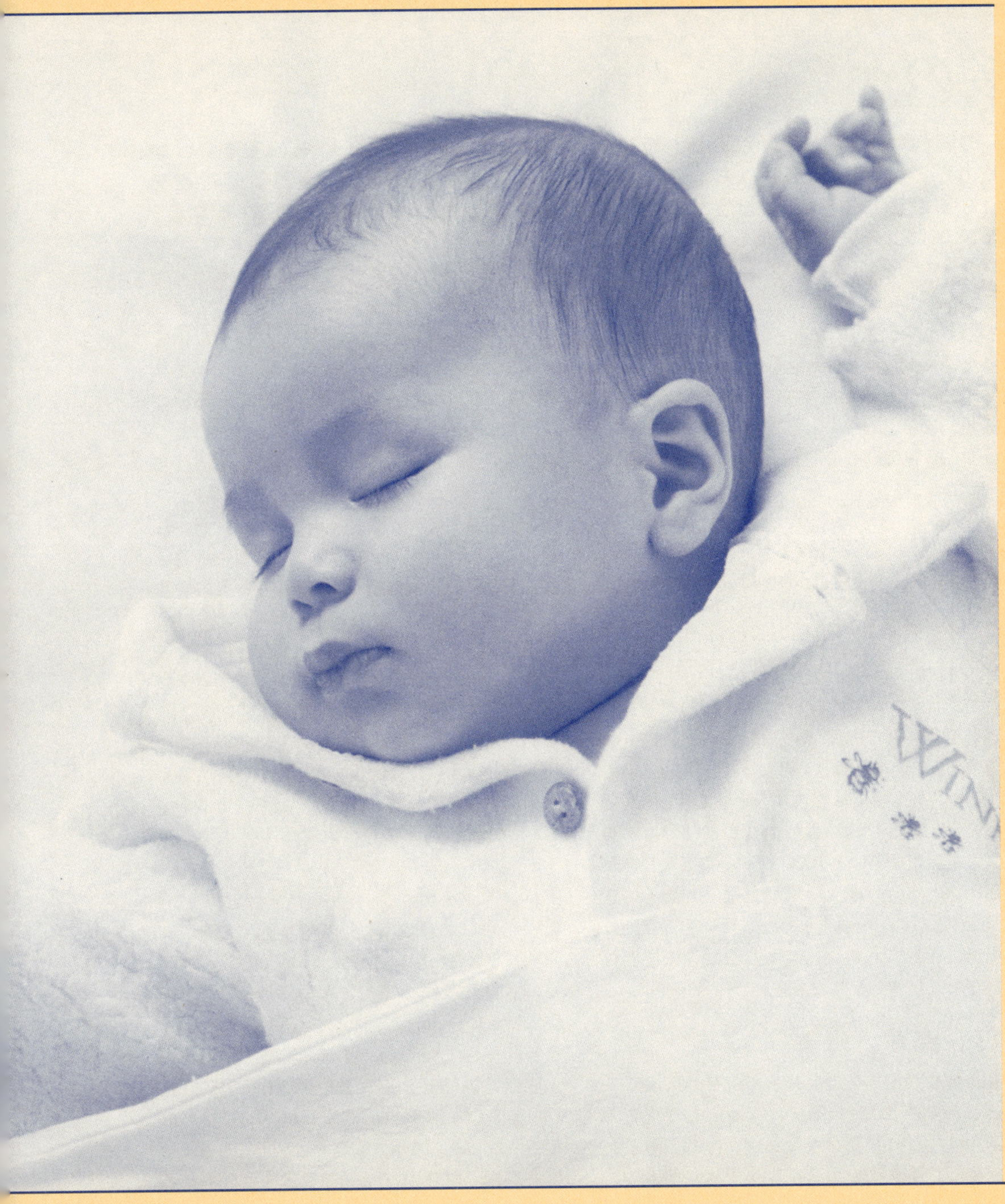

産後のケア

赤ちゃんの誕生は興奮に満ちており、新しい体験はどれも忘れがたいものです。しかし新生児の世話は決して楽ではないので、心の準備をしておきましょう。望むことをすべてこなす時間はないでしょうが、自分の時間やひと息つける時間が取れるなら、それを即スケジュールに入れてしまいましょう。

もしお産に時間がかかったり、難産だった場合や、出産直前まで働いていたりしたなら、エネルギー切れを起こしやすいはずです。ですから、病院から帰宅したら家事は周囲の人に任せ、あなたはこの特別の時間を心から楽しみましょう。

休息

出産前、多くの女性は、赤ちゃんが自分の生活にすっぽりとはまり、これまでと同じ生活が続けられるだろうと考えます。しかし、赤ちゃんは、あなたの世界を完全にひっくり返してしまうでしょう。産後数週間は、ゆっくり体を休める時間を努めて取るようにしてください。昼だろうと、夜だろうと、赤ちゃんが寝ている間は、あなたも横になります。今は、掃除機をかけたり、庭土を掘り返したりする時ではありません。座ってひと休みしたり、ゆっくりお風呂につかったり(注1)、充分な睡眠を取るべき時です。この、たいへん重要な母体の回復期に充分休養を取らないと、体力の回復に時間がかかってしまいます。

自分自身の健康

充分休養を取るのと同様、体型を元に戻すことと、食生活で自らをケアすることが大切です。母乳で育てている場合は、特にこのことが重要です。

多くの女性は、産後体型が元に戻らないのでは、と心配します。今はダイエットを考える時ではありませんが、確かにお腹のたるみにはショックを受けるかもしれません。妊娠中に増えた体重のほとんどは、産後急速に落ちるでしょう。特に、母乳で育てている場合は顕著です。動き始めたり、運動を始めたら、残りの増加分も落ちるはずです。もし健康的な食生活をしていれば、元どおりの体型の戻ることは決して難しくありません。

産後の健診が、出産から6週間前後にあるはずです。この健診では、医師が内診で子宮復古の状態や会陰の裂傷、さらに会陰切開による傷の治り具合を確かめます。また、心身の健康状態について問診があり、必要に応じて避妊指導があるでしょう(避妊については、P.116～117で詳しく述べています)。

初めての育児

母親学級に参加して、他の赤ちゃんと過ごす時間があったでしょうが、新生児の健康と幸福の全責任を負うことに関しては、あなたの側にしっかりとした準備が整っていません。赤ちゃんが寝ていても、寝なくても不安になるのは自然なことです。暑すぎたり、寒すぎたりしないか? 充分にお腹は満足しているのだろうか、体重は充分に増えているのか、また増えすぎではないか? あごの発疹は何だろ

う？　ひとりで育児を担う場合、特に疲れがたまると、このようなあらゆる小さな気がかりが深刻な災いへと発展していきます。

　産後数週間は、助産婦の定期的な訪問を受けるでしょう。小児科では、体重測定や健康状態のチェックを受けられます。親族や友達の経験やサポートを受けることもできるでしょう。赤ちゃんの健康状態に不安があったり、自分自身では対処できないと感じたら、遠慮せずに、いずれかの方法でサポートを求めてください。

赤ちゃんの外出

赤ちゃんの外出なんて、これほど簡単な仕事はないと思いますか？　でも、赤ちゃんをただベビーカーに乗せただけで外出しないでくださいね。それとも、多くの女性と同様、あなたも新生児を連れて外出するのを負担に感じるひとりでしょうか。赤ちゃん連れの外出には、まず手間がかかります。母乳やミルクを飲ませ、おむつ替えをし、落ち着かせる時間を取らねばなりません。それから、暑すぎたり、寒すぎる思いをさせないように、気候に合ったベビー服を着せます。しかし、もっとも大きな問題は、ひとりの女から、ベビーカーを押す女へと自分自身を「調整」することにあるようです。交通量の多い道路を渡ったり、スーパーの狭い通路をなんとか通り抜けるのには、困難がつきものです。また、赤ちゃんが公共の場で泣き出してしまったり、赤ちゃんとベビーカーを抱えてのバスの乗り降りにパニックを起こしてしまうことを心配しているかもしれません。また、ベビーカーを押しながら、同時に買い物袋をどうやって抱えようかと考えるでしょう。皆同じことを考えるのです。ですから、最初のお出かけはほんの近場にし、誰かに付き添ってもらうとよいでしょう。じきに、赤ちゃん連れでない外出は、何かを置き忘れてしまったような気になるでしょうから、心配しないでください。

手順

赤ちゃんは決まった手順を好みます。同じことの繰り返しが赤ちゃんの緊張をほぐし、安心させるからです。もし赤ちゃんがリラックスしたら、あなたもリラックスするチャンスですし、その反対もあります。どのくらいの頻度で授乳するにしても、毎回、おむつ替え、げっぷ、寝かしつけなどは、同じ手順を踏むようにしましょう。そうすれば、赤ちゃんは次に何をするのかわかります。お風呂や外出も毎日同じ時間にし、赤ちゃんの部屋の温度や音の大きさも一定に保ちます。

回復の時間

産褥期を体の調整と回復期と考えましょう。新米の母親にとっては学びの時であり、一生忘れることのない素晴らしい経験である一方、一夜にして、よい母親にはなるのは無理というものです。あなたとパートナーには、赤ちゃんのことを知り、家族関係を築いていく時間が必要です。ですから、社交や家事や過度の仕事量は、少なくとも、産後数週間は避けましょう。この期間は、あなたが家族の絆を感じる機会を与えてくれますし、母親としての自信をつけるための時間でもあります。

注1 日本では、一般に1ヶ月以内はシャワー浴を勧める。

出産の心理的影響

母親という役割に慣れるには、時間がかかるということを理解しましょう。この時期、あなたは様々な感情に揺れるはずですから、産褥期に非現実的な期待をもってはいけません。赤ちゃんとの密接で愛情にあふれた関係作りと、あなた自身の肉体と精神、両方のバランスを取り戻すことに、産褥期は集中しましょう。

母親と赤ちゃんとが結びついていく過程に関する、様々な意見や書物があります。母親が、最初に赤ちゃんに視線を合わせた瞬間に強い絆が生まれるという説もあります。この説にうなずく母親もいるでしょうが、母親の数だけ反応は様々です。難産だったり、痛みが強い場合もあるでしょうし、あなたの苦痛の原因だった赤ちゃんを恨めしく思う気持ちも少しはあるでしょう。産後の病的な高揚状態が去ったあと、疲れを感じたり、幻滅を感じたりするかもしれません。特にあなたの期待が非現実であるほど、そう感じやすくなります。もし、このことが自分に当てはまると感じても、落ち込まないようにしてください。母親として落ち着き、赤ちゃんとの強い絆が生まれるまでには、しばらく時間がかかるのが普通です。あなたと赤ちゃんが、互いを少しずつ知り合っていくにつれ、赤ちゃんの世話や、子の安全を守る自分の能力に対して自信がついてくるでしょう。それに、赤ちゃんは、あらゆる身の回りの世話を必要とする段階に永遠に留まっているわけではありません。急速に自立し、何でも自分でできるようになっていきます。

おそらく、あなたは育児に困難を感じているのでしょうが、このことを恥らう必要はありません。赤ちゃんへの愛情が少ないわけではありませんし、大多数の母親が、あなたと同様、初めての育児が楽ではないと感じているのです。あなたが難しいと感じる面について、できる限り協力を得るようにし、必ず自分の気持ちを周囲の人に伝えるようにしましょう。

産後のセルフイメージ

大きなお腹を抱えているときは、自分の体が自分だけのものになり、元通りの体型に戻る瞬間が待ち遠しいものです。しかし、産後しばらくは、お腹が妊娠6ヶ月のころと同じくらい大きく、しかも、たるんでぶよぶよしていることにショックを受けてしまいます。産後、ホルモンが非妊娠状態に戻ると、数ヶ月間とても太く光沢をもっていた髪の毛もやせ始めてしまいます。産後数週間は自分の体型が気になるでしょうが、すぐに元通りにはならないということを理解せねばなりません。

食事、睡眠、授乳が日課のすべて、という間はそれでもいいでしょうが、仕事復帰の日が近付いてくると、自分が他人からどのように見えるか、気になって仕方なくなるかもしれません。この時期は、多くの女性が自分の体型を不格好だと感じています。あまり自分を追いつめないでください。あなたの赤ちゃん

よりも、もう少し大きな子を連れている女性に目を向ければ、みな、すっきりとした体型であることに気付くでしょう。産後のエクササイズを始めたり、ヘアカットに行ったり、健康的で栄養価の高い食事をすれば、すぐに体型がすっきりしてきたと感じるはずです。仕事を再開し、慌ただしい生活サイクルに慣れるに従って、そんなことを気に病んでいる暇もなくなってしまうでしょう。

感情のジェットコースター

出産は心身に影響を及ぼします。産後数週間は、おそらく自分の心が乱れていると感じるはずです。ほんのささいなことに心を揺り動かされ、笑ったり涙が出たりし、感情の起伏が激しくなり、心の状態が非常に不安定だと感じるはずです。例えば、泣きやまない赤ちゃんを抱えて眠れない夜を過ごし、赤ちゃんを窓から投げ捨ててしまいたい衝動にかられた経験がない母親は、ほとんどいないのではないでしょうか。幸い、それを行動に移す母親はほとんどいませんが、その瞬間の衝動は、非常に強いようです。こんなことで仕事に対処できるのかと不安に思うかもしれませんが、あなたの感情は間もなく落ち着きます。少なくとも、仕事復帰を予定している時期には確実に落ち着きを取り戻しているでしょう。

産後のゆううつ

産後の女性のうち、少なくとも10人にひとりは、上に説明したような感情のジェットコースター状態から自然に抜け出すことができません。抜け出すどころか、長引いたり、より深刻な精神状態に陥ったりし、治療を必要とすることがあります。問題なのは、ごく普通のマタニティブルーと、うつ病とを同一とみなしてしまうことです。もし母親としての自分に絶望や無力さを感じたり、赤ちゃんに何の興味も感じられず、機械的に世話をするだけだったり、食欲がなくて体がだるいのに眠れなかったり、他人と接するのが億くうになったり、泣いてばかりいたり、2週間以上絶望感が続いたりしたら、産後うつ病だと思われるので、専門家の助けが必要です。うつ病は、病気の一種ですので、罪悪感をもつ必要はありません。カウンセリング、抗うつ剤や睡眠薬による治療が効果的ですので、まず最初に向かう避難所は、病院です。また、自分の状態を恐れずに周囲の人に話してください。もしかぜをひいたら、周囲の人にそう伝えるでしょう。

赤ちゃんとふたりだけの時間

フルタイムの仕事から帰り、赤ちゃんとふたりきりの時間をもつのは非常に難しいと感じるかもしれません。帰宅したときにはすでに保育者が赤ちゃんを寝かしつけていたり、朝は朝で、おそらく殺人的な忙しさでしょう。しかし、生後数ヶ月に親子の絆を育む努力をするのは、とても大切なことです。少し早起きしたり、赤ちゃんを寝かしつけたりする時間を作りましょう。帰宅後、自分でお風呂に入れたり、授乳できる日を保育者に伝えて、スケジュールに入れてもらいましょう。また週末には、家事や付き合いの予定を詰め込まないようにすれば、家族で静かな時間を過ごすことができるはずです。

孤独を感じたら

大半の女性にとって、赤ちゃんの誕生とは、1日の大半をその子と過ごし、その子のことを考え、またその子のことを話題にするという生活を意味します。ですから、このように多くの時間を必要とする相手と一緒にいて、どうして孤独を感じられるのかと不思議に思うかもしれません。しかし、赤ちゃんとは、もっとも身近で大切な人の心を奪う一方で、自分自身に没頭している存在なのです。

あなたの赤ちゃんは、自分の世話に悪影響が出ない限り、母親の心の状態には何の関心も示しませんし、喉を鳴らしたり、微笑むといった愛らしい仕草以外、コミュニケーションの手段をもちません。もしあなたが、これまで職場の同僚に囲まれていたのに、出産後は小さな赤ちゃんと毎日10時間ふたりきりという生活を、週5日続けていたら、寂しさを感じるだろうということが容易に想像できます。

新生活への移行

最初の子どもの誕生を前に、広い住宅に引っ越すカップルが多いのですが、この引っ越しが産後の女性の孤独感に拍車をかけている例が少なくありません。知り合いがひとりもいない新しい環境に寂しさを覚えるわけです。また、友人の多くが職場の同僚であり、職場のそばのお店に同僚と仕事帰りに立ち寄っていたかもしれません。今では、その友人たちも日中は仕事で忙しく、あなたの今の思いを知る由もありません。もし、あなたが、授乳やおむつかぶれの話を始めたら、友人たちは平静を装いながらも当惑するでしょう。

日中赤ちゃんとふたりきりで過ごす寂しさのはけぐちを、パートナーに求めがちですが、夫婦の関係が気まずくなることもあるかもしれません。

自信の欠如

赤ちゃんを産むと、あなたの自信に影響します。おそらく、以前あなたは、仕事によって自分を定義していたでしょうから、母親となった今、子ども以外に共通点のない人たちと友人関係を気付いていくのは難しいと思えるかもしれません。それに、自分はベストを尽くしていないと感じているかもしれません。疲労感、体重の増加、新しい洋服を買う時間のなさ、赤ちゃんが吐いたミルクのしみが肩のあたりに残る洋服。これらの要素は、少なくともあなたの自信を高める組み合わせとは言えません。しかし新米の母親は、このような気持ちを一様にもつものです。母親同士が集まれば、みな同じであることが、すぐにわかるはずです。気の合う子育て仲間を作りましょう。まずは、適当なグループを探すことです。仲間作りに最良の場所を挙げてみましょう。かかりつけの診療所、地元のスポーツセンター、育児サークルの情報が集められている図書館や教会、ベビースイミングやベビーマッサージを指導している施設、地元の教会の母親向けの懇親会、あらゆる種類の乳児や幼児を対象にしたクラブ。これらの活動に参加すれば、あなたと同じ関心をもつ人たちとの出会いがきっとあるはずです。

もし、このようなグループに居心地の悪さを感じたら、託児施設のあるジムに出かけて

汗を流したり、近所の公園で、他の女性たちと会話を楽しむという方法もあります。ひとりの人と知り合えば、ほかの人とも、スムーズにつきあいが始まるはずです。

赤ちゃんを連れ出す

赤ちゃんはとても活動的です。ベビーカーや、哺乳瓶や、だっこひも、おむつに囲まれてじっとしていたときには思いもよらなかったことでしょうが、今では、赤ちゃんをどこにでも連れていくことができます。大きなショルダーバッグに緊急のベビー用品を詰め、2〜3時間友達の家で過ごしたり、美術館に行ったり、ランチタイムにパートナーと会ったり。多くの女性は、ベビーカーの問題や感染の心配から、赤ちゃん連れで公共の乗り物を使うことを恐れますが、すぐに慣れるはずです。もし何か問題を感じているなら、P.107のアドバイスを読んでみてください。

他の母親や赤ちゃんとの付き合いは、母親という新しい生活にとって大切な要素となります。子育て仲間とは、互いの経験を分かち合い、学び合うことができる存在です。

育児を休む

定期的な楽しみをもてば、孤独感はかなり軽減されるはずです。少なくとも2週間に1度は、誰かに子守りを頼んで外出できるようにしましょう。そうすれば、育児とまったく関係のない何かを楽しむことができます。

決して慌てて仕事に戻らないでください。今が仲間作りのチャンスなのです。女性は、互いに助け合ったり、集まってできるだけ楽しく過ごすことが上手です。こうすれば母親も、そして子どもたちも仲間作りができ、トラブルや心配を分かち合える話し合いの場をもてるようになります。

支援グループと団体(注1)

最近では支援グループや団体の活動に注目が集まり、実際、現実的なあらゆる問題に対処してくれる存在になっています。母親として直面する様々な問題に関して、力になってくれる定評のある団体もあります。また、あなたの友人や家族が困っていたり、話し合う時間がもてないといった問題を抱えているなら、解決のきっかけを与えてくれるかもしれません。

このようなグループや団体で相談に乗ってくれる人たちは、ほとんど全員、自分自身がそのような問題を乗り越えてきた女性たちです。彼女たちは、同情を寄せてくれるだけでなく、あなたの抱える問題を理解し、解決する手助けになってくれる、各分野の専門家を紹介してくれるでしょう。子どもの病気や発育問題を専門とする団体の場合、あらゆる最新の研究や治療法に通じています。

いくつもの団体があることを知っておいてください。そうすれば、あなたや友人は、そのつど必要に応じて、それらの団体のサポートを受けることができるでしょう(このページで紹介している団体の連絡先は、P.157に掲載されています)。

妊婦の権利

妊産婦の権利に関する知識は不可欠です。特に、妊娠中も産後も仕事を続ける場合は、非常に大切になってきます。妊産婦の権利を侵すような雇用主はほとんどいませんが、法律を理解していない雇用主は多いようです。妊産婦の労働に関する法律は、改正の多さで際だっています。基本的な内容は、P.86〜103の「妊産婦と法律」で解説していますが、専門家にじっくり相談したいと考えているかもしれません。次に紹介する団体が、あなたの力になってくれます。

「マタニティ・アライアンス」は、妊産婦の権利や利益に関する最新情報の提供を目的とした、すぐれた団体です。

「ニュー・ウェイズ・トゥー・ワーク」も、子育てと仕事の両立を望む女性を支援する目的で結成された団体です。英国での最新の雇用状況と、ワーキングマザーのためのフレキシブルな労働形態について調査を行っています。

「衛生安全委員会事務局」は、職場環境を規定する法律など、労働における衛生と安全に関する詳細な情報提供を行う公共機関で、女性の労働をテーマにした小冊子を数多く発行しています。これらの役立つ小冊子は、政府刊行物発行所など、国の出版物を扱っている書店で注文できます。

両親に対するサポート

育児中の親を支援の対象にしている団体もあります。現在あなたが育児ストレスを感じていたり、シングルマザーだったり、誰も育児に協力してくれないと感じているなら、きっと役に立つでしょう。それらの団体の中には、匿名で相談できる電話サービスもあります。

「ナショナル・チャイルドバース・トラスト」

は、妊娠・出産のみならず、学校での育児教育など、育児に関するあらゆる情報提供を行っています。

「ペアレントライン」は、育児ストレスを抱えている親の支援を行っています。家族内で問題を解決できるよう具体的な方法を提示することによって、子どもへの虐待や養育放棄を未然に防ぐことが目的です。

「ジンジャーブレッド」は、片親のための全国的な支援団体です。各地に自助グループがあり、同じ境遇にある人々との出会いの場を提供しています。

「ミート・ア・マム・アソシエーション」も、産後うつ病を患っている場合など、産後間もない女性のための支援団体です。シッターの派遣や講座の開催など実用的なサービスを行っており、母親同士の交流を目的としたイベントも行っています。

「ラレーチェ・リーグ・オブ・グレートブリテン」は、母乳で子どもを育てたい母親のための団体です。電話サービスや、個別相談も受け付ています。もし母乳育児を考えているなら、情報や母乳育児関連の出版物を得るために、出産前にこの団体へ連絡を取ることをおすすめします。

病気

もし、赤ちゃんに病気があったり、発育に問題があるなら、最新の調査や治療法に通じている、専門団体に連絡を取ることをおすすめします。同じ悩みをもつ母親同士の交流によっても、大きな心のやすらぎを得ることができるでしょう。

「ダウン症協会」、「小児ガンと小児白血病トラスト」、「小児の死亡及び乳幼児突然死症候群に関する研究と支援のための財団」は、非常に重要な団体として名前が挙げられます。

母親の問題

もし妊娠・出産に関連する心身の問題に悩まされているなら、次のような団体が力になってくれるでしょう。「流産協会」、「産褥期の病気及びトキソプラズマ症トラスト」

法律に関する相談

次に紹介する団体は、妊娠中のワーキングウーマンが直面する問題について法律面での助言を行っています。「市民相談局」、「雇用機会均等委員会」、「法律相談所連盟」。

地元の図書館に行けば、これら団体の全リストを目にすることができるでしょうし、遠慮なくいずれかの団体に連絡を取ってみてください。このような団体の設立のきっかけは、ある特殊な問題に取り組んでいる機関がないという必然性によるもので、大半は、あなたと同じ境遇の人々によって運営されているため、あなたの声にじっくりと耳を傾け、的確な助言とサポートを行ってくれるでしょう。

注1 日本では、児童相談所、福祉事務所、子育て支援センター、市町村保健センター、保健所など。

睡眠の重要性

もしあなたが出産の6週間前に仕事を休み、18週間という通常の出産休暇を取るとしたら、赤ちゃんが生後3ヶ月のときに職場復帰することになります。この月齢でも、夜ぐっすりと眠ってくれる赤ちゃんは確かにいますが、残念なことに、どうしても寝てくれない赤ちゃんが大多数です。では、どのようにあなたの睡眠時間を確保すればよいのでしょうか？

赤ちゃんがまだ夜ぐっすりと眠ってくれない月齢で、おそらくあなたは仕事に復帰するでしょうし、それだけでなく、赤ちゃんがヨチヨチ歩きを初めてからも、まだ、定期的に夜起こされる生活をしているかもしれません。何ヶ月、何年と夜熟睡できない生活を大人が続けた場合の影響を軽んじることはできません。フルタイムの仕事をしていて、足りない睡眠を日中補うことができない場合は、特に深刻です。あなたの赤ちゃんがよく眠るタイプかそうでないか予測することはできませんが、あなたの眠りを妨げられる習慣をできるだけなくし、夜、必要な睡眠時間を確保できるよう早めに何らかの対策を立てておくことはできます。

添い寝

スポック博士に代表される育児の権威は、母親と赤ちゃんとの分離を勧め、授乳や睡眠に関して厳しく規定していました。しかし1960年代の終わりには、彼らの主張は勢いを失い、赤ちゃんと添い寝するか否かというテーマは、より進歩的で自由主義的な育児論議の中心となりました。20年後にこの論争に再び火がつきましたが、赤ちゃんと添い寝することに、どのような安全面での利点があるのか、もしくはどのような問題があるのか、何の証拠もないまま、議論が続けられました。もしあなたが赤ちゃんの存在を忘れてしまうほど酔っていたり、薬を飲んでいたりしたら、赤ちゃんとの添い寝に危険性があるのは確かです。

添い寝することによって、赤ちゃんが朝までぐっすり眠ることはないでしょうが、あなたがそばにいれば、赤ちゃんが夜中に目を覚まして泣く回数は減るでしょう。また眠りを誘われる暖かいベッドにいながらにして夜間の授乳ができれば、あなたも赤ちゃんも、すっかり目覚めてしまうことがありません。しかし、生後数日の間に、気持ちの赴くまま添い寝を始めてしまったら、その後、ベビーベッドに寝かしつけるのはたやすいことではありません。また、このように赤ちゃんとくっついて眠

> **仰向けに寝かせる**
> 赤ちゃんは、仰向けに寝かしつけましょう。うつ伏せ寝では乳幼児突然死症候群（SIDS）の危険度が高くなります（P.156～157に、これらの用語説明が掲載されています）。ベビーベッドのそばでタバコを吸うのは絶対にやめましょう。これも、SIDSの原因になります。

熟睡のために

私たちの体には体内時計が備わっています。この体内時計は日周性、つまり24時間サイクルであり、日没後のほとんどの時間は眠り、日が出ている間は目覚めているリズムを生み出しています。一方赤ちゃんは体内時計を異なった速度で進めており、昼夜を問わず眠りが優先されます。このような赤ちゃんの生活リズムに合わせる親もいますが、通常の24時間サイクルになるよう、赤ちゃんに働きかけることができます。厳しい生活管理をしなくても、赤ちゃんとの生活に工夫すれば、昼夜を区別した生活リズムをつけてあげることが可能です。そのためのポイントをいくつか挙げてみましょう。

- お風呂は夜入れる。お風呂で、楽しくくつろいだ時間を赤ちゃんに与え、落ち着いた気分で1日を終えられるようにする。
- 赤ちゃんの眠る部屋で、静かにお休み前の授乳をする。その際、照明は落とし、室温を調整して、心地よい雰囲気作りをする。
- できればお昼寝はベビーカーで、夜はベビーベッドで眠らせる。
- 夕方から夜にかけて、赤ちゃんを興奮させるような賑やかなおしゃべりや遊びは慎む。
- お休み前の授乳が済んだら、しっかりげっぷさせる。
- ベビーベッドに寝かしつけるときは、母親がいなくても安心して眠れるように、室温に合った寝具をかけてあげる。
- 夜中に目を覚ましたら、長い間泣かせたままにしておかない。特に小さいうちは、あまり泣くと興奮してしまい、落ち着かせるまでにひどく時間がかかる。
- 夜必要なものは、すべて手元に置いておく。そうすれば、授乳やおむつ替え、寝かしつけを手際よく、短時間で終えることができる。

ると、常に赤ちゃんの存在が気になって、自分自身が熟睡できないことに気付くかもしれません。

どのような方法が自分に最適か、決断する必要があります。例えば、あなたのベッドの隣にベビーベッドを置くとか、子ども部屋に置いたベビーベッドに寝かせ、モニターを取り付けて、泣いたらわかるようにしておく、などの方法も考えられます。どのような方法を取るにしても、赤ちゃんのベッドをある日はこちら、別の日はあちら、というふうに変えることは避けましょう。赤ちゃんを混乱させ、問題を引き起こします。

自分を信じる

赤ちゃんをどこで眠らせるか、という自分の決断に対して自信をもてば、赤ちゃんもよい反応を示してくれるでしょう。「〜しなくては」と決めつけて、ある特定の方法に流れてしまうのはよくありません。ひとつひとつの方法に関して、長所と短所を挙げていき、あとは直感に従います。上手な子育てには様々な方法がありますが、100パーセント納得していなくても、プレッシャーを感じる必要はありません。

産後の妊娠

出産後の数日間どころか数週間、もっとも頭にないのはセックスのことでしょう。実際そのほうがよいのです。なぜなら、あなたの体は、いまだかつてない大きな変化から回復するための時間を必要としているからです。しかし、産後のセックスについて考えるとき、いつまで待てばよいか、また授乳や会陰切開の、性生活への影響が気になると思います。

赤ちゃんを連れて自宅に戻ったとき、あなたの体内には妊娠ホルモンが駆けめぐっている状態ですので、体は疲労しており、心理的には、まだ体が赤ちゃんとある程度つながっています。ですから、セックスに対する欲求はないはずです。このような女性の生理を理解し同情を示す男性が多いのですが、もしあなたのパートナーが、赤ちゃんの誕生によって疎外感を感じていたら、あなたと元どおりの関係に戻ることを急ぐかもしれません。彼に対しての自分の気持ちを伝え、体の回復にはある程度時間がかかることを説明しましょう。今はセックスに興味を失っていることについて、あなたもパートナーも心配しないことが重要なポイントです。あなたの体は一定の期間が過ぎれば、必ず元に戻ります。

一方で、性欲が高まる場合もあります。産後まもなく挿入を含めた性的関係を再開すべきではないという医学的な理由は何もありません。かつては、産後6週間は、挿入を避けるよう言われていましたが、それは、感染と外傷の危険性を根拠としていました。しかし今になってみれば、過剰な心配という印象を受けます。どう考えるにしても、セックスを再び始める前に、充分に妊娠に注意する必要があります。

排卵

産褥期、特に授乳中は妊娠しにくいという、とても危険な通説が知られています。事実は異なります。排卵はいつでも再開する可能性があるのです。また、月経の2週間前に排卵があるので、「産後初めて生理があるまで大丈夫」と考えていると、心身ともに何の準備もできていない段階で、望まない妊娠をすることがあります。

母乳と妊娠

もし母乳で育てているなら、母乳をやめるか、回数を減らすまで月経が始まらないかもしれません。しかし、妊娠しにくい時期とはいえ、避妊しなければ、リスクを負うことになります。ピルに含まれるエストロゲンには母乳量を減らす働きがあるため、母乳を与えている間は、成分にプロゲストゲンとエストロゲンが含まれた複合避妊用ピルは処方されません。成分がプロゲストゲンだけのピルは、母乳量に影響を与えることはありませんが、このホルモンが母乳を通じて赤ちゃんの体内に入ると、どのような影響を及ぼすのか、まだわかっていません。ですから、避妊に関しては、器具を使った方法がよいでしょう。例えば、殺精子剤を塗ったコンドームや子宮内避

妊器具（IUD）、ペッサリーが挙げられます。ペッサリーなら、産後6週間目の健診時にサイズに合ったものを着けてもらうことができます。

　赤ちゃんを母乳だけで育てるのは、たいへん労力のいる仕事です。特に授乳に慣れないうちはたいへんでしょう。また、授乳によって他の命を支えている間は、あなたの体が純粋に自分自身のものではないと感じるかもしれません。母乳で育てている母親は、パートナーが母乳で育てることに理解を示さない、またセックスをあまりにも早く求めてくるという2つの悩みをもつことが多いようです。パートナーとオープンに語り合い、自分の気持ちを理解してもらいましょう。

違和感

もし会陰切開を受けたなら、まず間違いなく最初のセックスでは、違和感や痛みさえも感じるでしょう。糸が溶けてなくなるまで、2週間ほどかかりますが、まれに糸が周囲の組織に埋まってしまうことがあります。2週間を過ぎてもチクチクしたり痛みがある場合や、行為のあとに痛みを感じるなら、受診しましょう。

　会陰切開後のセックスに恐怖心をもつのは当然ですし、あなたが寝室に緊張感を持ち込めば、パートナーがあなたの態度に落胆し、問題が起こることもあるかもしれません。恐怖心を彼に伝え、しばらく我慢してもらいましょう。傷がすっかり癒え、自信をもって望めるようになるまで、挿入のない愛情表現を考えましょう。もし痛みが続くようなら、医師や助産婦に相談しなければなりません。

リードする

産後の性生活に関しては女性側のリードに男性が従うことが重要になってきます。性欲が戻ってくる時期に関しては個人差があり、早くても遅くても異常ではありません。ですから、パートナーにはそのように説明し、必要な時間を自分で確保しましょう。この時期、非常に大きな変化を経験したのはあなたの体なのです。また、望まない妊娠を避けるために、自分で自分の身を守ることを忘れないでください。

男性用ピル

男性用ピルを研究しているエジンバラ大の科学者は、最近スコットランド、中国、南アフリカ、ナイジェリアと国際的に行った臨床試験の成功を発表し、この薬が5年以内に英国で実用化される可能性を示唆しました。このピルの避妊効果は100パーセントで、副作用は一切認められないということです。成分はステロイド、黄体ホルモンのデソゲストレル、さらに通常の性衝動を持続させるため雄性ホルモンのテストステロンも含まれています。このような男性向けの経口避妊薬は、特に母乳育児中のパートナーをもつ男性に向きます。母乳が女性用ピルに含まれるホルモンに汚染されることがないからです。

母乳育児

母乳で育てるか否かを、仕事復帰の計画に合わせて決断すべきではありません。仕事復帰するなら、最初から他の人がミルクを与えることや哺乳瓶そのものに、赤ちゃんを慣れさせておくほうがよいと考えるかもしれません。しかし、これは間違いです。たとえ数週間であっても、あなたと赤ちゃんの双方にとって、母乳ほど素晴らしいものはありません。

母乳は赤ちゃんと絆を結ぶための、もっとも自然で心地よい方法です。たいへん情緒的なので、あなたも赤ちゃんも心から安らぎを感じることができるのです。それだけでなく、栄養面でも非常にすぐれています。母乳が出始めるまでの産後わずか2、3日の間に、あなたの胸は初乳と呼ばれる物質を作り出します。この初乳には、新生児に必要なすべてのタンパク質、ビタミン、ミネラル、水分、糖分が含まれているのです。また初乳は、生後数ヶ月間の重要な期間に、赤ちゃんを感染から守り、あなたがもっている、すべての病気への抗体を提供し、赤ちゃんの免疫系を強化します。

赤ちゃんにアレルギー体質の素因がある場合、母乳は赤ちゃんにさい先のよいスタートを切らせてくれる効果もあります。育児用ミルクに含まれる異種タンパクを生後まもなく取り込むと、アレルギーになりやすいのですが、母乳は自分の子どものためだけに作られているので、赤ちゃんの未熟な消化器官に負担をかけることがありません。

赤ちゃんが乳首に吸い付くと、母親の脳は刺激され、オキシトシンと呼ばれるホルモンを分泌します。オキシトシンは、子宮収縮を促し、通常の大きさに早く戻る助けになります。母乳そのものも、妊娠中についた脂肪を燃焼させるよう働きかけるため、母乳で育てると、早く体型が元通りになります。

母乳育児の負担

今日では、女性は責任のある仕事に就き、経済的な自由もあり、家事をパートナーと分担しています。もしこのような状況に慣れているなら、授乳中、赤ちゃんが完全にあなたにひとりに頼り切っている状況を、非常に負担に感じるかもしれません。自分の体を自分自身のものと思えないでしょう。なぜなら、食生活を見直し、定期的に水分摂取し、適度な休みを取り、規則正しい生活を心がけるなど、昼夜を問わず、赤ちゃんのために生活を改めなくてはならないからです。特に、生後3ヶ月までの小さな赤ちゃんを母乳だけで育てるのは、とてもたいへんです。しかし長い目で見れば、あなたの人生の中では、ほんのわずかな時間に過ぎず、同時に赤ちゃんの人生には、たいへん大きな利益を与えます。母乳育児をうまく進めることのできた女性は、たとえ短期間でも、この時期をかけがえのない大切な経験としてとらえています。それに授乳期間中は外出できない、というのも間違いです。劇場や映画館、レストランなど一部の場所を除いては、今ではほとんどの場所に赤ちゃんを連れていくことができます。

また、早い時期から、定期的に母乳を哺乳瓶で飲ませるようにしておくのもよいでしょう。そうすると、後に哺乳瓶への切り替えがスムーズですし、パートナーに授乳を頼むこともでき、父子の絆を深めることにもつながります。

便利さ

母乳は、もっとも便利に授乳できる方法でもあります。ミルクを作るときのように、用具を殺菌し、量に注意し、哺乳瓶を温めたり冷ましたり、安全に保管したりする手間が省けます。母乳なら、赤ちゃんにとって必要な栄養分が含まれ、適温の状態でいつでも欲しがるだけ、飲ませることができます。

しかし、母乳は「自然」であることから、多くの女性は母乳育児は楽だと思い込みがちです。楽な人もいるのは確かですが、自信をもてるようになるまで、多くの時間と励ましが必要な人も、またいるのです。もし母乳育児に関する問題を抱えているなら、専門のカウンセラーに相談することをおすすめします(注1)。

仕事と母乳

フルタイムの仕事と、フルタイムの母乳育児の両立はまず無理です。授乳期も妊娠中と同じ法律で母子の健康が守られてはいますが、フルタイムはもちろんパートタイムでも、小さな赤ちゃんを傍らに寝かせて仕事をするというのは、現実的ではありません。職場内に託児所があるような幸運な人以外は、不可能でしょう。

しかし、産休終了後も母乳で育てたいという思いが強いなら、方法があります。朝と夜だけ母乳にし、昼間は母乳の代わりにミルクを与えるのです。もしくは、搾乳器を使って昼間に与える母乳を絞っておき、殺菌した哺乳瓶に入れておけば、冷蔵庫で2日間はもちます。冷凍保管もできます。

母乳が充分出るようになれば、胸から直接吸わせる方法と、哺乳瓶を使った方法をうまく組み合わせない手はありません。難を言えば、母乳の出は需要と供給の原則に従っているので、頻繁にミルクを飲ませたり、母乳の出方がまだ充分でないうちにミルクに切り替えると母乳量は減ってしまい、結局、ミルクを余分に足さなくてはならなくなります。しかし、このような状況を簡単に改善することができます。母乳量が元どおりになるまで、頻繁に赤ちゃんを乳首に吸い付かせればよいのです。

母乳での育児を快く思わず、最初からまったく試みない女性もいます。また、試みたけれど、乳首が切れたり、乳腺炎のようなトラブルに遭い、やる気を失ってしまう女性もいます。理由はともあれ、ミルクで育てると決めたら、そのことに罪悪感を感じないでください。母乳が一番よいのですが、いかなる犠牲を払ってでも母乳でなければならない理由はありません。育児用ミルクの品質はますますよくなり、成分が母乳に限りなく近付いているので、ミルクでも赤ちゃんは丈夫に育ちます。しかし、もし母乳で育てることができれば、たとえ生後4週間だけであっても、あなたは赤ちゃんにとって最高の人生のスタートをプレゼントすることができます。

注1 巻末資料(p.157)を参照。お問い合わせは、日本助産婦会へ(tel 03-3262-9910)。

おむつ

仕事復帰を考えているなら、どのタイプのおむつを使うか決める際、自分自身の好みだけでなく、赤ちゃんの保育時間や保育の場所も考慮に入れることが大切です。特定のタイプのおむつが他のものよりもすぐれているという証拠はありません。まめに交換し、赤ちゃんの肌をその都度清潔にし、しっかり乾燥させることこそ大切なのです。

紙おむつVS布おむつ

しばらくの間、紙おむつは全盛を極めていました。布おむつを使っていた頃は、いったいどのように汚物を取り除いたり洗ったりしていたのだろうと、誰もが思っていました。しかし環境保護が叫ばれ、不燃物の山がどのように処理されるのか心を悩ます多くの人たちが、今、布おむつに回帰しています。また、買い揃える段階では布おむつのほうが高価ですが、長い目で見れば、紙に比べてコストが安いことも明らかになってきました。

しかし、これは、単純な黒か白かの問題ではありません。紙おむつゴミは、布おむつを洗い、すすぎ、干すエネルギーと単純に比較されて、環境への負荷が大きいと言われますが、洗濯に必要な大量の洗剤、漂白剤、殺菌剤が下水に流されていることについては触れられていません。また布おむつでは、おしっこのもれを防ぐために必要なおむつカバーにビニールが使われています。

経済面から見ると、布おむつを洗い乾かすためのコストも考慮に入れねばなりません。トータルなコストとは、布おむつを買ったときの費用だけでなく、洗濯に必要なエネルギーも入れて考えます。しかし布おむつなら、きょうだいが産まれたら、お下がりを使うことができます。

紙おむつ

紙おむつは、ももの部分に伸縮性があり、粘着テープかマジックテープで留められるので、簡単につけられます。捨て方には気をつけましょう。トイレに流してはいけません。おむつ専用に、脱臭効果のあるビニール袋も売られていますので、赤ちゃんを預けて出かけるときなどに役立ちます。

もしチャイルド・マインダーや託児所に預けることを考えているなら、紙おむつを使うことをおすすめします。少なくとも、あなたが仕事に出ている間はそのほうがよいでしょう。もし住み込みのナニーやオーペア（参照 →P.134〜135）を頼むなら、どのようなおむつを使うか、事前に伝えておけばよいでしょう。しかし、おむつの洗濯と乾燥には、かなりの手間がかかることを覚えておいてください。そのためにかかる時間を、ほかの家事に回してもらうほうがよい場合もあるでしょう。

布おむつ

布おむつには様々なタイプがあります。ごく一般的なのは、正方形のテリークロスです。通常は肌ざわりをよくするために、綿モスリンの布か使い捨てのおむつライナーを敷きます。たたんでピン留めする必要があります。テリ

ークロスの成形おむつは、吸収力をアップさせるため、中央部分が強化されています。ピンかスナップで留めます。たたむ必要がないので、おむつ替えが簡単です。また、もれを防ぐためにビニールで裏地をつけた、カバー一体型の成形布おむつもあります。スナップか、マジックテープ留めで、こちらも洗えます。

洗濯の際は、薄めた殺菌剤を入れたバケツに汚れたおむつをつけおきしてから、洗濯機でお湯洗いしましょう。綿モスリンの布なら、たとえ、あなたが紙おむつ派でも、ぞうきんとして活躍します。

布おむつを使いたいと考えているなら、おむつのリースもあります。よほど奥まったところに住んでいない限りは、毎日汚れたおむつを引き取り、清潔なものと交換してくれるでしょう。コストは、もっとも高価な紙おむつと同じくらいです。

布おむつをたたむ

ざっくりとしたテリークロスのおむつを、小さな赤ちゃんのおしりに当てるのは、痛々しい感じです。赤ちゃんの体の大きさにもよりますが、生後1週間くらいまでは、綿モスリンの布にペーパーライナーを当てておむつにすれば、充分おしっこを吸収します。赤ちゃんが大きくなり、おしっこの量が増えてきたら、テリークロスの正方形のおむつを使い始めればよいでしょう。その際は、綿モスリンにペーパーライナーを重ねたものか、ペーパーライナーだけをおむつに敷いて使います。誰でも最初はおむつ替えが手際よくできません。なぜなら、赤ちゃんは、おとなしく寝ていませんし、裸ん坊にされたり、いじられたりするのを嫌がることが多いからです。

しかし間もなく慣れるでしょう。パートナーにも、しっかりおむつ替えを練習してもらいましょう。ペーパーライナーを当てれば、うんちがトイレに流しやすく、おむつに汚れがつきにくいので、たいへん便利です。おむつのたたみ方には、2通りあります。シンプルな三角形と、カイト（凧）型です。カイト型のほうが、赤ちゃんにフィットしやすいようです。もし綿モスリンの布も使うなら、テリークロスと同じようにたたみ、テリークロスの一番上を部分に横にして重ねるか、たたんで長方形にし、ライナーと同じように使います。

三角形

テリークロスか綿モスリンの正方形の角を反対側の角にぴったりと重ねて、三角形を作ります。この三角形の上に赤ちゃんを寝かせ、角を重ねた部分を赤ちゃんの股の上にもっていき、2本の長い手の部分を両サイドから重ねて、すべての布を中央でピン留めします。赤ちゃんが小さいうちは端の布が余るので、折り重ねて留めなければなりません。赤ちゃんが成長すれば、フィットするようになりますが、大きくなると、ピンを両サイドに留める必要が出てきます。

カイト型

三角形よりも厚ぼったさがなく、すっきりと赤ちゃんにフィットするのがカイト型です。テリーかモスリンの布を、正方形の角が東西南北を指すように置きます。東と西の角を持ち、長い脚を1本作るように内側に折りたたみ、凧のような形にします。北の角も内側に折りたたみます。赤ちゃんをこの上に寝かせ、おむつの長い脚の部分を、赤ちゃんの股の間からお腹へ回します。長すぎたら内側に折り込みます。次に両サイドを中央に持っていって重ね、すべての布をピンで留めます。

育児協力者

あなたが自分の母親が好きで、産後しばらくの間、他の家族と同様に母親の協力を受けられることが、何にも代えがたい喜びであると思っていても、それは本人にしかわからないことです。また、仕事に復帰し、子どもの中心的な保育者にはなれないと決断しているかもしれません。もし仕事復帰後、パートナーや外部のヘルパーが子どもの世話をするようになったら、母親としてのあなたが心がけるべきことは何でしょうか？

産褥期のサポート

あなたの母親ほど、気分が滅入っているあなたのことをよく理解してくれる人はいないでしょうし、家事を頼むこともできれば、産後、急速に体が回復していく時期、あなたに自信と知恵を与えてくれるに違いありません。出産前に、母親に自分の希望を話し、あなたもパートナーも、「お母さんをもっとも頼りにしている」と伝えましょう。例えば、母親は、料理を作って冷凍庫で保存し、電話に出たり、来客の応対をしたり、山のような赤ちゃんの衣類やシーツの洗濯や乾燥の作業ができるでしょう。ただしお母さんはクビにできないことをお忘れなく！　注意が必要なのは、産後の気分に流されて、母親の滞在を引き延ばさないようにすることです。特に現在、また過去において親子関係がさほど親密でなかったり、あなたのパートナーと母親との折り合いが悪い場合、長期間家にいてもらうのは考えものです。母親に手伝いを頼む前に、パートナーやあなたのきょうだいに意見を求めるべきでしょう。

母親以外の親族に手伝いを頼むことも検討してみてください。姉妹、叔母、義理の両親には頼めないでしょうか。産後の体が回復すれば、母親と違っていつまでも頼りにする気にはならないでしょう。あまり人間関係がしっくりいかない場合でも、引き取ってもらいやすいものです。しかし義理の母の場合、実母と同じく赤ちゃんにとっては祖母にあたる人ですから、もし人間関係がうまくいかず引き取ってもらったとすれば、その後は大きな人間関係の悩みを抱えることになりかねません。

この時期は、他人の手を借りることもよしとし、できるだけ愛情あふれる周囲のサポートを受けましょう。家事を仕切られたり、気疲れすることなく、親戚たちにも育児に参加してもらうことができれば、彼らもあなたの赤ちゃんと親密で重要な家族の絆を育むことができるでしょう。

一方で、あなたが直感的によくないと感じる方法で赤ちゃんを世話するよう、指示されることがあるかもしれません。いつも欲しがるときに授乳しているのに、4時間おきに授乳しなければだめだと言われるようなことがあるでしょう。あなたの親戚の子育てには、そのほうがよかったのかもしれませんが、あなたが同じようにしなくてはならない理由はありません。アドバイスは受けても、自分で一番と思う方法を実行しましょう。

長期にわたる保育

今でもやはり子どもを主に世話しているのは母親です。しかし、様々な調査によって、保育方針が一貫していて、子ども自身が愛され、尊重されていると感じられれば、多くの異なっ

た保育環境を子どもは楽しめることがわかっています。男性は妊娠できないため、女性が妊娠したその瞬間から、妊娠や出産にまつわる女性の神秘から閉め出されているような気持ちになりがちです。赤ちゃんが誕生するまでに、赤ちゃんと母親の絆は、父親とのそれとは比べものにならないほど強く結びついています。母子の結びつきは母乳を与えることによって一層強くなりますが、男性は、自分を不要な存在とみなす危険な感情に陥りがちです。

赤ちゃんが生まれる前に、パートナーに積極的に育児に参加してもらいたいというあなたの気持ちを、じっくりと説明しましょう。パートナーと同じように自信ありげに装っていることや、これからは、互いにサポートが必要になることを伝えましょう。パートナーは最初小さな赤ちゃんの世話がうまくできないでしょうが、不器用でもやってもらっているうちに、あなたと同じようにおむつ替えも授乳も上手になります。もしあなたが母乳で育てているなら、時々搾乳すれば、パートナーも赤ちゃんに授乳する喜びを味わってもらえるでしょう。

主たる保育者としての父親

あなたがパートナーよりもはるかに収入が多く、出世も望める場合、また、彼が自宅で仕事をしたり、現在の仕事をやめたいと考えているなら、パートナーに主に育児を担ってもらう選択にも、一考の価値があります。「女の仕事」を男が担うことによって、非難やからかいの対象になり、それを乗り越えていく必要があることを、ふたりとも考慮に入れねばなりません。また、子どもの世話に関しては協力者のほとんどが、まず100パーセント女性であることも知っておく必要があります。例えば、母と子ばかりの育児グループに入っていくことができるでしょうか？ もしできなければ、彼は孤立し、寂しく育児することを覚悟せねばなりません。しかし、ゆっくりではありますが、確実に時代は変化しています。

その他の影響

強く結びついた、頼りになる血縁関係が消失した今日では、かつて親族が担っていた子どもの世話や人間関係に取って代わりつつあるのが、友人関係です。近所に住んでいなければ、親族には継続的なサポートや、自宅で子どもの世話をしてもらうことも期待できません。しかし、私たちは誰しも自分よりも育児経験豊かな人を必要としています。育児に関してアドバイスを求めることができたり、子どもたちが成長するに従って人間関係を形成していける他の大人の存在を求めているのです。すでに子どもが独立していたり、子どものいない友人は、家族の世話にかかりきりにならずにすむため、子育てのよい協力者となってくれることがよくあります。あなたの家庭に手を貸してくれることがどれほど重要かを伝え、子どもの成長の重要な過程に参加してもらいましょう。

連絡を取る

子どもが小さいころに世話をしてくれたり、定期的に訪ねたりしている人と、いかに子どもが密接に結びついているか、忘れてしまうことがあります。ひとりの大人として、特に忙しい日々を送っている親は、前任のナニーや、2週間に1度子どもをお茶に招いてくれていたかつての隣人のことを、いとも簡単に忘れてしまいます。子どもがなぜ、その人にもう会えないのか理解しているか、また、きちんとお別れを告げることができたのか、確かめなければなりません。できれば、カードや電話で時折連絡を取りましょう。

きょうだいのケア

おそらく、赤ちゃんのお姉さんやお兄さんになる子は、年齢にかかわらず、あなたが赤ちゃんを家に連れ帰ってくれたことに感謝しているでしょう。しかし、あなたがそう考えて気持ちを落ち着けたり、どのような言葉を使って赤ちゃんのことを表現しようとも、上の子があなたの愛情と注目を今後赤ちゃんと競い合わなければならないことに変わりありません。この過程を楽に乗り切るにはどうするべきでしょうか？

赤ちゃんが生まれるととても楽しいよと言って、上の子を納得させようとする、多くの親がこのわなに陥ってしまいます。上の子は、自分の立場を取って代わられるという、ごく自然な嫉妬を感じるだけでなく、これまで当然と思っていた親の愛情ある態度すら奪われたと感じています。しかし、子どもの嫉妬心を押さえ込むために、きょうだいが生まれてからの暮らしについて大人の理屈でマイナスの説明をし、子どもを落胆させる必要はありません。このような経験は子どもの理解を超えており、説明したとしても、子どもを混乱させるだけです。あなたにできることは、できるだけその子を安心させ、自立心をもたせることです。もちろん年相応の範囲で構いません。そうすれば、上の子は自信をもって、新しい家族を受け入れることができるでしょう。次のような点に注意してください。

- 子どもに出産間近であることを伝えていますか？　あなたの会話の中から、少しずつ拾い集めた情報に、困惑しているのではありませんか？　でも伝えるのは、妊娠6ヶ月を過

赤ちゃん誕生のための様々な準備に子どもを参加させれば、妹や弟の誕生に、大きな興奮を覚えるでしょう。また、家族の中で自分がなお重要な役割を担っていることも理解できるはずです。

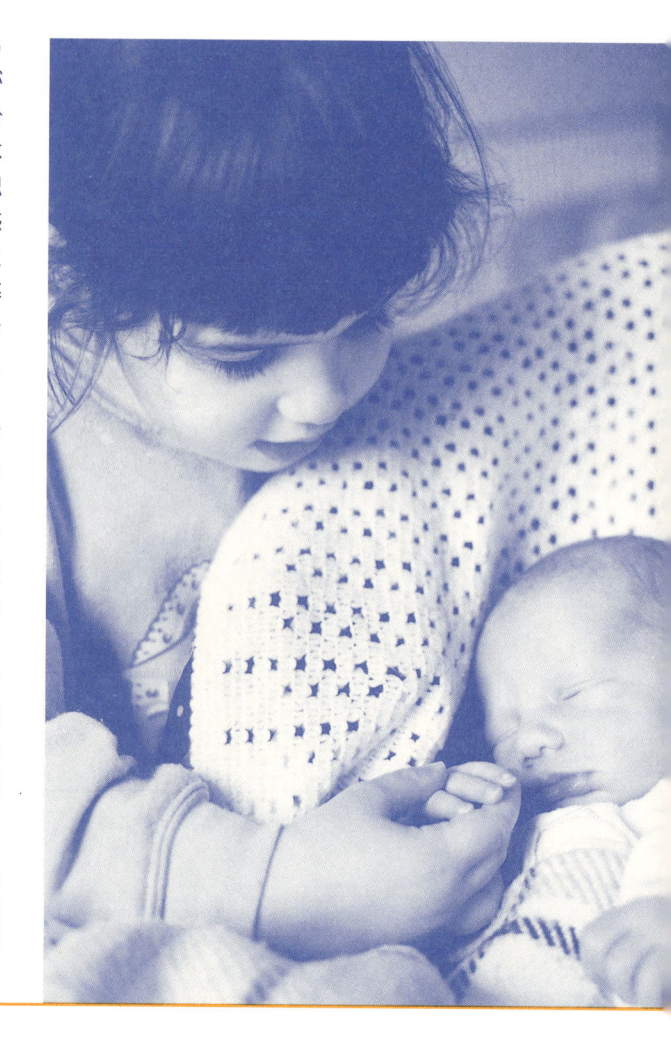

ぎてからがベストです。
- 子ども部屋で落ち着いて過ごせるようになるまで、付き合ってあげましょう。装飾に使う色や絵を選ばせ、この機会をプラスの経験につなげるようにします。出産の日まで、子どもを落ち着かせることが大切です。
- 子どもを抱き寄せて大きくなったお腹に触れさせ、動いている赤ちゃんを感じさせたり、一緒に名前を考えたり、誰に似ているか想像しましょう。
- もし初めて子どもを預けるなら、出産前に、子どもと保育者とが知り合える機会を作りましょう。見ず知らずの人に預けられ、母親を恋しがって泣くのは、子どもにはつらすぎる経験です。
- 出産前後は、パートナーに時々休みを取ってもらい、上の子と一緒に過ごせる時間を作ってもらいます。
- 何よりも、生まれて2～3ヶ月の赤ちゃんは手に負えない存在だということを、正直に話しましょう。多くの親は、上の子に興味をもたせるように、赤ちゃんが生まれたら一緒に遊べるよと、話してきかせますが、新生児とできる遊びはほとんどありません。上の子と親密で愛情に満ちた付き合い方をしていれば、上の子の、赤ちゃんを怪しむ気持ちを落ち着かせることができるでしょう。そして、間もなく妹や弟との関係を楽しむようになり、当初の恐れは消えてしまうでしょう。

罪の意識

産後、自分自身と上の子、その両方の感情の揺れに対処せねばならないのは、ひじょうにたいへんなことです。あなたは、子どもがすっかり動揺し、下の子に親を取られた、自分は拒否されたと感じていることに、深い罪の意識を感じるのです。しかし、赤ちゃんと自分自身のケアと同時に、上の子の気持ちをなだめる方法はいくらでもあります。

忘れてはならないのは、あなたが赤ちゃんを望み、上の子と同じように赤ちゃんに愛情を感じることは、きわめて自然であるということです。そして、やがて上の子も妹、弟ができたことを喜ぶ日がくることも頭に入れておいてください。このあたりは、パートナーの最大の出番ですし、祖父母など他の親族も子どもに手を貸すことができる場面です。単に上の子の世話を頼むだけでなく、時には赤ちゃんの世話を頼んで、あなたが上の子とふたりきりになれる時間を作りたいものです。これは、子どもの年齢にかかわらず大切なことです。

子どもの学校

もし上の子が2、3歳と、保育園に入る年齢だったら、赤ちゃんの誕生と、入園時期があまり近づきすぎないよう配慮する必要があります。この時期、上の子には、しっかり目を向けてあげなければなりません。また、子どもがまだ小さくても、保育園の行事のために仕事を休むことも忘れてはなりません。他の子の親がいるときに、自分の親が姿を見せないことほど、子ども心に悲しさと憤りが募ることはありません。

互いに知り合う

特に仕事をもっている場合、複数の子どもをもつ大変さとして挙げられるのは、家事に時間がかかることです。しかしふたり目の育児の利点は、育児方法が確立し、自信をもって世話にあたれることです。あなたの子どもたちはすぐに互いの存在を認めあい、あなたとパートナーとが望む家族関係ができあがることでしょう。

赤ちゃんの世話を誰かに委ねて仕事復帰するか、それとも母親という役割を優先させ、しばらく仕事を休むか、身の振り方を決めねばならない瞬間があったはずです。しかし決意したときには、自分が出産後、どのような気持ちになるか想像もつかなかったでしょう。あなたは、出産という、おそらく人生最大の変化を経験したばかりですから、妊娠中の考えはもはや当てはまらないのです。

　仕事復帰の日を待ち遠しく感じたり、早く仕事を始めたくてうずうずするだろうと考えていたのに、現実には仕事のスケジュールのことを考えると気が重くなるなど、想像もつかなかった仕事に対する今現在の自分の思いに驚いているのではないでしょうか。産後の女性の大半は、なかなか仕事に戻るという現実感がもてません。産休はまたたくまに過ぎ去り、もう仕事に戻る時期にきていることが信じられないはずです。それに、たとえ自分の選んだ申し分ない相手に子どもを預けるとしても、まだ小さすぎてかわいそうに思えるかもしれません。最初は、子どもを置いて出るのがつらいでしょう。しかし心配しないでください。このような感情は誰しも抱くものなのです。

　出産前にどのような決断を下したにせよ、あなたにはいつでも選択する権利があることを覚えていてください。経済的な事情から働かなければならないにしても、仕事の種類や労働時間を、母親としての新しい生活に合わせて変えることができます。仕事に、自分の生活を合わせるのではありません。

　このセクションでは、仕事復帰を決める前に、出産間もない母親がじっくりと考えるべき事項を、感情面と実質面の両方から検討していきたいと思います。もしあなたが自分の前の数々のハードルに気付いているなら、それを上手に乗り越えるための知識を身につけるべきでしょう。

仕事復帰

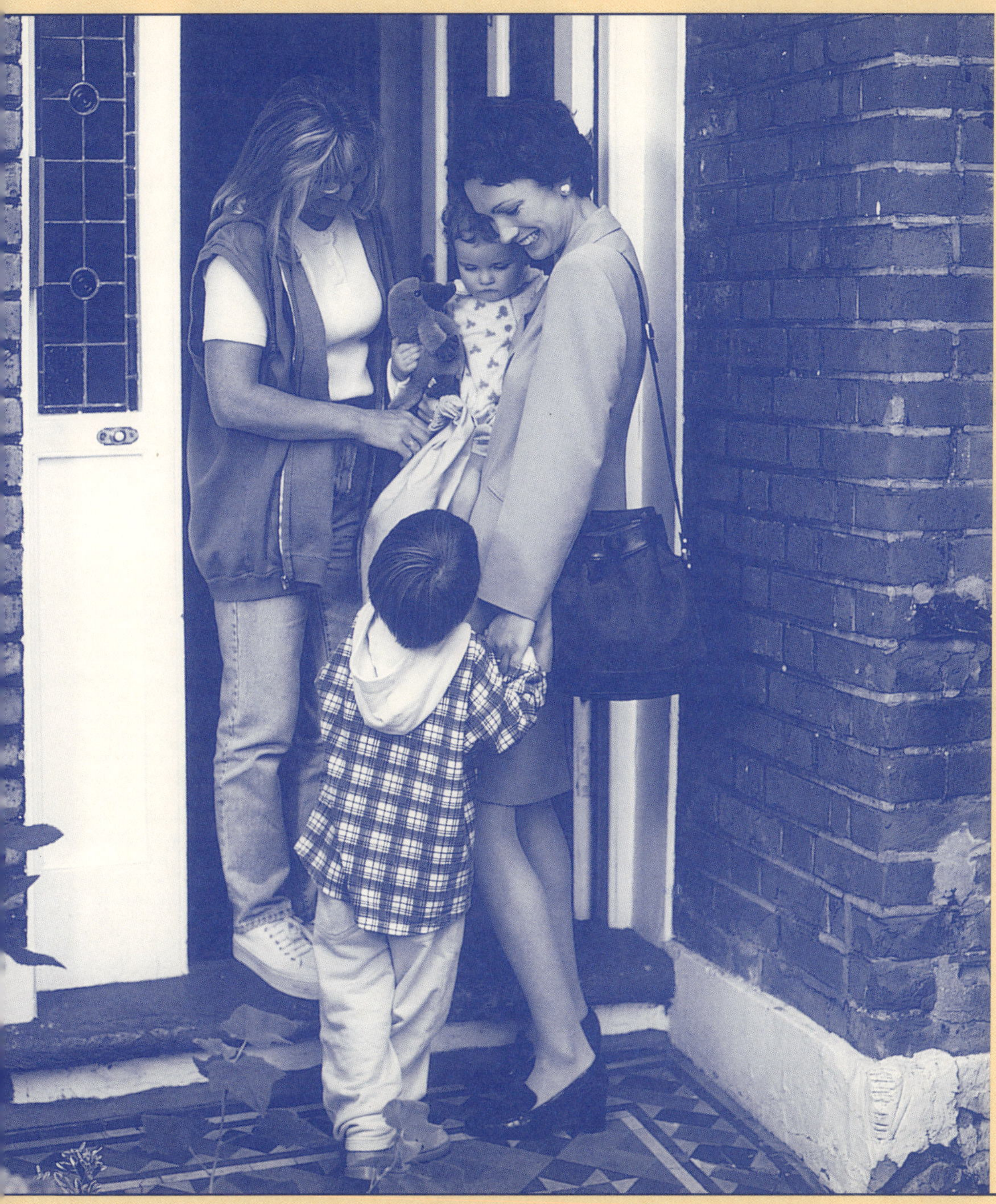

復帰を迷うとき

赤ちゃんが生まれてしばらくの間、仕事のことは頭の中にないでしょうし、母親という新しい役割に、あなたもなじみ始めてきていると思います。しかし産後は信じられないほど速く時が経ち、いつ、どのように仕事を再開するか、そしてもちろん元の仕事に復帰するかどうかという問題も浮上してきます。

産休を取る前は、仕事に復帰するか否かの決断は、たやすいことに思えたでしょうし、数ヶ月間の休暇は、赤ちゃんが落ち着くのに充分すぎるほどの期間に思えたかもしれません。しかし、そのときは現実にまったく直面してなかったのです。決断までのプロセスが欠如しているのが決定的な問題です。なぜなら、母親としての感情こそがそのプロセスだからです。あなたは赤ちゃんのそばにいたいという強い思いに襲われているでしょうし、そのような感情はいまだかつて経験のない独特のものです。母親としての感情をひとつの要素として計算に入れたとき、初めて仕事復帰に対する分別のある決断ができるというものです。最近のギャラップ世論調査で、仕事復帰を考えていた女性のうち、20パーセントは出産後に仕事に戻る気がなくなったという結果が出ています。

働くべきか、働かざるべきか？

母親が仕事をもつと子どもに悪影響が出るか否かについての論議が長らく続いています。教育上の達成度のみに基づいた研究では、結論らしい結論が出ませんでした。母親が仕事をもっている家庭の子どもは劣るという研究者もいれば、まったく逆の結論を出した研究者もいます。この結果には何の驚きもありません。というのは、ひと口に子育てと言っても様々な要素があり、母親の存在だけで子どもの人生が決まるわけではないからです。実際、父親の仕事ぶりが子どもにどのような影響を及ぼすか、という問題については、何の研究もなされていません。

ですから、調査結果などは気にせず、仕事をするかどうかについては自分の本能に従うのが一番だと思います。子どもが小さいうちは一緒に過ごしたいと強く思うなら、多くの母親が仕事をもっているという今日の事実を気にすることはありません。一方で、仕事に復帰することを待ち遠しく感じているなら、罪悪感など捨て、堂々と仕事を始めましょう。決断にあたって、心に留めておいていただきたいことがあります。例えば、あなたが不幸せだったら、子どもにもよくないということ。自宅から遠く離れた職場でのフルタイム労働以外にも働き方があるということ。赤ちゃんから離れていたくないと感じたら、いつでも結論を翻せること。しかし、赤ちゃんは、いつまでも赤ちゃんのままではありません。数年も経てば、1日の大半を学校で過ごすようになり、あなた自身も、子どもを置いて出かけることに対して、今とはまったく違う気持ちをもつようになるでしょう。

働くことの利点

あなたが仕事を楽しんでいるとすれば、仕事

はあなたに刺激と満足感を与え、ある程度の経済的独立をもたらすでしょう。産休を延長しなければ出世もスムーズでしょうし、のちに再就職で苦労することもありません。経済的に独立した状態も維持できます。もし、あなたが好きな仕事をやめて、母親という役割だけで生きているのがつらかったら、家にい続ける毎日は苦しいでしょうし、赤ちゃんにとっても、いいことはありません。

パートナーに協力してもらう

今日でもやはり様々な理由から、女性が外に出て働くことを嫌い、家にいて子どもの世話をしてほしいと願う男性は少なくありません。もしあなたが仕事に戻りたいと考えているのにパートナーが承諾してくれなかったら、その理由を徹底的に聞き出しましょう。自分が子どものころ、預けられて嫌な思いをしたのかもしれませんし、あなたが他のことに関心を寄せるのに嫉妬しているだけかもしれません。もし働くという決断に同意が得られず、パートナーにまったく協力してもらえなかったら、あなたの仕事量は激増するでしょう。あなたには、彼と同様、働く権利があります。彼の仕事が彼自身にとってどのような意味をもっているのか考えてもらい、自分が仕事に出られないとどれだけつらいのか、伝えましょう。

家にいる利点

仕事と母親としての役割の両方をこなしていくための緊張とストレスは、想像を絶します。もし自宅にいれば、勤務時間に縛られる必要もなく、自分で1日のスケジュールを好きなように立てることができます。また、再就職に役立つ勉強や技能の習得、もしくは自分の趣味のための時間を取ることもできるかもしれません。

家にいることを選べば、いつも赤ちゃんと一緒に過ごせて、赤ちゃんのこともよくわかるので、余裕をもって接することができます。フルタイムで働いている女性の多くは、育児にたいへん神経質になってしまいます。育児専業の母親に比べて子どもと接する時間が短いことが理由です。また、自分自身で世話をすれば、保育を頼むために時間と労力を使う過程を経験する必要がありません。

経済面を考慮する

ひとりで子どもを育てているなら、働くか否かという点については選択できません。しかし、たとえあなたがこのような状況でなくても、経済面は常に考慮に入れねばならない要素です。多くの女性は、たとえ仕事が好きでなくても、母親になっても、現在のライフスタイルを維持するためには働く必要があると考えています。仕事を離れたら、経済的にあきらめなければならないことは何かよく考えましょう。これまでの生活でぜいたくと思えることは、しばらくあきらめざるを得なくなるかもしれません。また、あなたの収入から保育の諸費用を差し引いても、経済的安定が得られるでしょうか？

「生活の質」の意味は、人それぞれです。きまりは特にありませんが、あなたの仕事に対する衝動と反対の方向へ進み、後悔することがないようにしなければなりません。常に選択肢は複数あるのです。

復職する気がなくなったら

産休が明けたら仕事復帰できるよう準備万端整えていても、その日が近付くにつれ、心の揺らぎに気付き始めます。赤ちゃんを置いて仕事の世界に戻ることに、突然魅力を感じなくなるようです。こんな気分になったら、どうすべきでしょうか？

自分の気持ちを抑えて、とりあえず仕事に戻るか、それとも保育をキャンセルして自宅にいるか？　もし仕事に戻りたくないと思い始めたら、まず自分自身に次のように問いかけてみましょう。「なぜ私は働くのか。単にお金のためなのか。仕事に戻りたくない理由は何か」。

仕事に戻るか、家にいるか、決断するための動機を明確にすることが大切です。なぜならこの動機は、育児や人間関係、さらに仕事の成否に影響してくるからです。「〜すべき」という理由で決めてはいけません。悲惨な結末になるだけです。あなたの赤ちゃんは母親の犠牲になることを喜びはしないでしょう。では、仕事に戻らないと決めた場合、あなたの出産費用に関する権利はどうなるのでしょうか？

出産費用の還付

仕事復帰に関してどのような決断をしたにせよ、法定出産手当はあなたのものであり、いかなる状況でも返金する必要はありません。平均給与の90パーセントが支払われる、産休開始後6週間も、また60ポンド20ペンス支払われる、その後の12週間も同様です。復職しないと決めた場合、返金が必要なのは、法定出産手当に雇用主が加算した金額のみです。しかし、この加算額に関しても、雇用契約書に返金するよう明記されてなければ、返す必要はありません。ですから、あなたはごく一般的な手段で退職できます。退職を願い出てから実際に退職するまでの期間が産休の長さと同じなので、産休を取得し、そのまま退職する形になります。

母親という役割を愛する

この段階で、赤ちゃんを預けたくないかもしれません。母親という役割に大きな喜びを感じるからこそ、それを仕事と取り替えることにつらさを感じるのです。このような場合は自分の気持ちに従い、会社には退職を願い出ましょう。1年経つか経たないかで気持ちが変わるかもしれませんが、あなたと赤ちゃんにとって今どうするのがベストか、ということがもっとも大切なのです。あっという間に過ぎてしまった乳幼児期を振り返り、自分自身の心の声に耳を傾けなかったことに後悔したくはないでしょう。

今、自分のなすべき仕事

自分の果たすべき役割が他にないときは、仕事がはるかに楽しく思えるものです。しかし、心を奪われる、愛らしい赤ちゃんの世話を始めると、あなたの仕事が変化のない退屈なものに思えてくるかもしれません。このような

場合は退職し、しばらく育児に専念してからタイミングを見計らって他の仕事に就くほうがよいでしょう。

　赤ちゃんが生まれる前、あなたのアイデンティティは仕事と強く結びついていたはずです。また、他人も職業によって人を類別しがちです。もしあなたが、特定の仕事にアイデンティティを感じているなら、出産前に仕事復帰を強く希望した理由は、おそらくそのアイデンティティを失う恐怖があったからです。しかし、親になるというのは、男親、女親どちらにとっても、ひじょうに自分に自信をつける過程になることが多く、親になると、自信をもちたいがための仕事上の肩書きは、もはや不要であると感じることがあります。ですから、もし仕事にさほど魅力を感じなくなっていたら、育児に専念するほうが楽しく過ごせるかもしれません。

悪条件
労働時間の長さから、仕事をやめざるを得ない場合もあります。以前は長時間労働をいとわなくても、子育ての責任が出てくると難しくなります。雇用主は、1975年に制定された性差別法によって、例えばパートタイム労働やワークシェアリングなど、よりフレキシブルな労働形態について、あなたの提案に耳を傾ける義務があります。このテーマについては、P.144〜149で詳しく述べています。

保育の問題
実は、自分で選んだ保育者に不満をもっているという場合もあるでしょう。自宅でナニーにみてもらうのが希望だったけれど、経費の問題でチャイルド・マインダーにせざるを得ず、それで心を悩ませているのかもしれませんね。妊娠中はとてもよい印象をもっていた保育所も、小さな赤ちゃんにとっては、あまりに騒々しく危険な場所に思えたりします。自分の悩みをパートナーに伝え、もし心から仕事に復帰したいと考えるなら、別の保育者や施設を探してみましょう。赤ちゃんを他人に任せる自信がつくまでの間、赤ちゃんの世話を引き受けてくれる親族がみつかるかもしれません。

　自分が仕事に出ている間、赤ちゃんが保育者になつきすぎて自分のことを必要としなくなるのではないかと、気に病む女性がいます。そのため、赤ちゃんと保育者との間に感じられる親密な雰囲気を、ひどく嫌ったりします。このような母親の独占欲は、赤ちゃんに何の利益ももたらしません。赤ちゃんは母親を常に一番の保育者とみなしていることがわかっていないのです。たとえ、母親よりナニーといる時間が長くても、それは変わりません。もし不安に感じるなら、赤ちゃんとの間にしっかりとした絆が生まれたという自信がもてるまで、家にいることをおすすめします。

気が変わったら
忘れないでください。仕事に対して気が変わってもよいのです。大切なのは、あなたが自分のライフスタイルにできるだけ幸せを感じることです。あなたが幸せで満ち足りた気分でいれば、あなたの子どもも、最良の環境で成長することができます。自分の正直な気持ちに従い、あなたと家族にふさわしい選択をしてください。

スムーズな復帰のために

仕事復帰の準備として、やらねばならないことが山のようにありますが、時間をかけて片づけていきましょう。心配しないことです。いったん仕事に戻ったら、やはり子どもを預けたくないと感じるかもしれません。しかし、選択肢は複数ありますから、そう感じても慌てないでください。復帰の日にどのような気分になったとしても、以下のアドバイスに従ってください。そうすればこの時期を、できるだけストレスから解放された状態で過ごせるでしょう。

柔軟性が鍵

もし、単に退屈なので仕事に戻ろうと考えているなら、パートタイムの仕事をするか、勉強したり、新しい技能の習得をしたりといった、仕事とは別の選択を考えてみてください。もし収入が理由なら、保育者のための食事や設備の維持など、隠れた経費を保育料そのものにプラスした額を、自分の収入と比べてみなければなりません。キャリアの中断を避けたいという理由なら、フルタイムの仕事と家庭生活との両立には、かなりストレスが多いことを考慮しなければなりません。

どのような決断を下したにせよ、柔軟性をもってください。もし数ヶ月後に、自分の結論は間違っていたと気付いたら、他の選択を受け入れることも考えておきましょう。子どもはいつまでも子どものままではありません。子どもたちの必要とするものは、刻々と変わっていきます。それは、あなたにとっても同じことです。

赤ちゃんとの別れ

たとえ仕事復帰の日を心待ちにしていても、初めて赤ちゃんと離れると、ひどく動揺するはずです。まるで、見えないひもで、あなたが赤ちゃんから引き離されるような気分でしょうし、他人に赤ちゃんを預ける悲しみと罪悪感にさいなまれるかもしれません。

赤ちゃんと離れるのに不安を感じるのは、ごく自然のことですが、もし保育者の選択に自信をもっていれば、赤ちゃんは安全で快適です。前にも述べたように、赤ちゃんは、母親以外の人にも慈しまれ、大切に育まれる存在です。

仕事復帰後の生活に慣れるに従って、不安もなくなっていくはずです。もし、そうならなければ、自分の選んだ保育者をよく思っていないのではないか、もしくは、自分で赤ちゃんの世話をするほうがよいのではないかと、自分自身に問いただしてみる必要があります。

1日の計画を立てる

仕事復帰を成功させる鍵は、計画性です。時間を常に意識しましょう。もしヘルパーが住み込みでないなら、保育者の到着時間から自分が家を出る時間まで、少なくとも30分は取るようにします。そうしないと、赤ちゃんの様子や日中頼みたいことを保育者に伝える時間が充分取れません。メモ書きでのやりとりは、この場合ふさわしくありません。また、万が一保育者の到着が遅れた場合、時間に余裕があれば慌てずにすむでしょう。

子育ては共同事業ですから、必要な手伝いやサポートをパートナーにも求めることを忘れないでください。朝は忙しいからといって、すべてあなた任せにしていい理由はありません。時には保育者へ子どもを預ける役を引き受けてもらい、あなたのほうが早く出勤する日もあっていいはずです。

自己管理
これも、たやすいことではありません。起床、洗面、着替え、赤ちゃんの世話にかかる時間を計算しましょう。充分、時間の余裕をみておくことが大切です。ベッドから飛び起き、トーストをかじって、バス停にダッシュする生活にはさよならです。もし時間が気になって赤ちゃんに落ち着いて接することができないと、赤ちゃんはそれを敏感に感じ取ってむずがり、かえって支度に手間取る結果になるでしょう。朝晩、母乳を飲ませている場合はなおさらです。留守中に飲ませる分を搾乳する場合も、イライラすると、母乳の出が悪くなります（参照→P.118～119、139）。

買い足し
ミルクやおむつが切れはしないか、毎日とても気になるものです。保育者に毎日買い物に行ってくれるよう頼むか、週末にあなたかパートナーがまとめ買いする時間を作りましょう。

家事
これも仕事に戻る際に、考慮しなければならない点です。大半の家庭では、お手伝いさんを別に頼むのは経済的に難しいでしょうから、保育料にいくらか上乗せすることになっても、赤ちゃんの世話をする合間に、家事も少し頼める人を探してみましょう。または、あなたとパートナーとで、家事を分担する方法もあります。よくあることですが、いわゆるスーパーウーマン的立場に自分を追い込むのはやめましょう。フルタイムの仕事と同じように、家事一切をひとりで背負い込まないことです。家事と育児に関する仕事分担をパートナーと話し合って明確にしておけば、役割分担のことで口論になったり気まずくなることも少ないはずです。

疲労
仕事に復帰した当初は、ひどく疲れるはずです。自分の体力を過信しないことです。まだあなたの体は大きな変化を経験したばかりなのですから、元どおりに体力が回復するまでに、しばらく時間がかかります。予定を入れすぎないようにし、時間があればいつでも仮眠を取り、家事に対してもがんばりすぎないでください。しばらくは、すべてを完ぺきに片づけることができなくても何の問題もありません。ただ、いくら時間に追われていても、健康的で栄養バランスのよい食事は欠かせません。忙しい日々だからこそ、あなたの体に充分なエネルギーが必要です。

　赤ちゃんのことを常に優先しなければなりませんが、自分自身をいたわることも大切ですし、入念に計画し、役割を分担し、必要なときはいつでも手助けを頼み、余計な仕事を増やさないようにします。あなたは自分で望んだからこそ、希望をもって職場に戻るわけですから、どうぞ楽しんでください。

様々な保育形態

あなたの家庭の事情に合う保育形態を選ぶことが、仕事復帰を成功させる決定的要素です。決断する前に考慮すべき点を、以下にまとめてみました。

総コスト

保育料を見積もり、自分の収入と比較することが当然必要です。あなたよりも賃金の高い保育者を雇えば赤字になるだけです。しかし、赤ちゃんの幸せと安全のために、保育の質に妥協することはできません。住んでいる地域や保育時間によって、費用にはばらつきがありますが、概して英国の保育料は高く、平均で母親の収入の50パーセント以上が保育料に充てられています。もっとも保育料が高いのは、専門教育を受けたナニー（訳注：英国の伝統的なベビーシッター）です。住み込みか否かによっても違ってきますが、賃金は週給100～400ポンドです。反対に、もっとも保育料が安いのは素人のオーペア（訳注：英語を習いながら家事手伝いをする、若い外国人留学生）で、週給70ポンドが賃金の上限です。保育所やチャイルド・マインダー（訳注：自宅に子どもを預かる女性）の費用はその中間です。おばあちゃんやおばさんなら、ただで預かってもらえるかもしれません。

環境

赤ちゃんをどこで保育してもらうかということも決めなくてはなりません。もし、何がなんでも自宅でみてもらいたいと思うなら、ナニーかオーペアのいずれかを選ばなければなりません。自宅から離れた場所での保育を決めたなら、預け先が満足できる環境かどうか、確かめる必要があります。次のような点を充分チェックしてください。タバコを吸う人はいないか？　ペットや他の子どもに、監視の目が行き届いているか？　室内が清潔に保たれているか？　事故防止の対策が取られているか？　例えば、階段に柵が付けられていなかったり、危険な電気製品が放置されているようなことはないか？　部屋は適温に保たれているか？　保母の資格をもつチャイルド・マインダーの自宅は、保育環境に充分配慮されているでしょうが、必ず、あなた自身の目で確かめるべきです。住まいの様子は、その人の人柄がはっきりと出るものです。

保育所には、細かい規定がありますが、何ヶ所か見学してから決めましょう。最低1度は連絡せずに立ち寄り、どの程度のやかましさか、乱暴な子へどのように対応しているか、子どもたちは規律正しく行動しているか、外遊びの時間は多いかなどをチェックします。さらに、子どもの数に対する保育者の比率を確かめ、あなたの赤ちゃんが入所したらその比率をどのように維持するのか、保育所側に確認するのも大切なことです。

通勤

どこで子どもの世話をしてもらうのが適当か、よく考えて決めましょう。大半のカップルは自宅近くを選びますが、あなたか、パートナーの

職場の近くに預けるほうが、賢明かもしれません。保育者の自宅や保育所に、公共の交通機関で楽に行けるかどうかも確かめておきましょう。

保育期間

保育者の交代は、小さな子どもにとってショックなできごとです。赤ちゃんが慣れ親しんできた人を失う悲しみは大きいでしょうし、新しい保育者に慣れるまで、しばらく時間がかかるでしょう。あなたにとっても、新しい人を探すのはストレスの多い仕事です。新しい保育者に長期間続けてくれるよう期待することはできませんが、できるだけ念入りに人選し、保育者がすぐ交代するような事態を避けましょう。

保育者探し

保育者探しは、骨が折れ、ストレスの多い過程です。その理由は、すぐれた保育者の数が不足していることにあります。紹介料はかかりますが、ナニーやオーペアの紹介業者を訪ねれば、履歴書が怪しかったり、資格が不充分など、適任と思えない人を排除することができます（業者が何と言おうと、保育者の経歴は、あなた自身で確認しましょう）。もしくは、地元の新聞や、ヘルパー募集の広告を掲載している『レディ』のような週刊誌に広告を出す方法もあります。しかし、広告を出せば電話が殺到し、全員と面接するのは時間的に無理でしょうから、適当に候補者を絞るしかないでしょう。口コミで探す手もあります。この場合もやはり経歴を厳しくチェックしましょう。できれば面接の際に、パートナーや友人、親戚にも同席してもらい、意見を聞くとよいでしょう。また、印象がよかった候補者には、遠慮せず、再度面接に来てくれるよう伝え、自分のもった印象が次回も変わりないかどうか確かめます。

住み込みの場合

住み込みの保育者を雇えば、あなたの出社や退社時間に対して融通がききます。もし仕事を終える時間の予測がつかなかったり、移動の多い仕事ならば、住み込みの保育者は不可欠です。住み込みの保育者を雇うことに決めたら、あなたの自宅が、保育者の自宅にもなることを心しておかねばなりません。たとえ、保育者に設備の整った個室を与えているとしても、彼女が自由時間に自室にこもりきりになることは期待できません。彼女が家の中をうろうろしたり、連れてきた友達とキッチンでたむろしていても、うっとおしいと感じませんか？　また、彼女が「職場」にいるからという理由で、前もって了解を得ることなく、突然週末や夜に子どもの世話を頼むこともできません。頼みたい衝動にかられても、それはできないのです。

若いオーペアには、あまり多くのことを期待しないでください。よい面もたくさんあるでしょうが、やはり同世代に多くみられるように、自己中心的だったり、怠惰だったり、当てにならなかったりする面が多々あります。あなたの選んだ保育者が、赤ちゃんの世話を心から楽しんでいるか、また親戚や隣人から充分手助けしてもらっているか、確かめてください。親族は、もっとも信頼でき、赤ちゃんにとって快適な環境を提供してくれる場合が多いものです。しかし赤ちゃんの世話を喜んで、しかも無償でしてくれる実母、義母、姉妹をもつ幸運な人ばかりではありません。しかし、もし保育者を念入りに選べば、赤ちゃんと保育者は互いに満足感を得ることができ、あなた自身も罪悪感や独占欲をもたずに、ふたりの間の愛情あふれる関係を見守っていくことができます。ひとつ覚えておいてください。もしあなたが決めた保育形態で、うまく事が運ばない場合は、あなたの赤ちゃんも影響を受けるため、何らかの変更をしなければなりません。

保育者選び

仕事復帰にあたって、もっとも大切な決断は保育者選びです。ですから、時間をかけ、選択肢をできるだけ多く用意しましょう。また、保育者に責任をもってもらう点を明確にしておき、預ける前にすべて同意を得ておきましょう。

いったん誰かを雇ったけれど、その保育者が適性を欠いているという疑いを少しでも感じたら、すぐに行動を起こさなければなりません。たとえ、そのために仕事を休むような不都合があっても、即対応する必要があります。しかし、もし望んでいるような人がみつからない場合は、仕事復帰を遅らせたり、友人や親族にしばらく世話をお願いしましょう。

履歴書

候補者の提出した履歴書を確認するために、前の雇用者に直接連絡を取ります。たとえ業者から紹介された保育者でも、必ず自分で確かめましょう。履歴書だけでは不充分です。何らかの問題があって確認できないような場合は、怪しんでください。ナニーやチャイルド・マインダーは礼儀正しく誠実な人がほとんどですが、あなたの赤ちゃんはとても大切な存在だけに、保育者選びは念には念を入れて行う必要があります。この件に関しては、自分の直感に従いましょう。

保育の種類

保育の種類に関しては、P.134〜135でも紹介しました。住み込み、通い、親族、チャイルド・マインダー、保育所と選択肢は色々ありますが、実際に仕事を再開するまでは、我が家にはどのような形態の保育が最適なのか、よくわからないと思います。9時から5時までという決まり切った時間帯よりも、より柔軟に対応してもらえる保育が必要だと感じる場合もあれば、保育者とひとつ屋根の下に住むのが嫌になったり、チャイルド・マインダーの家に毎日送り迎えするのがたいへんすぎたりする場合もあるでしょう。経済的な問題もあるでしょうが、保育は、赤ちゃんと同様あなたのためでもあるのですから、もし子どもを預け始めたことによって、自分が疲れ果てていると感じたら、別の選択をする準備を始めてください。

保育内容

候補者と面接する前に、どのような世話をしてもらいたいか、仕事の内容をリストアップしておきましょう。もちろん、候補者と話し合って調整する余地はありますが、互いに期待することを明確にしておかないと、トラブルの原因になりかねません。その仕事のリストには、子どもの世話で好ましいことと、好ましくないことも書き加えておきます。例えば、おしゃぶりを使ってもよいか、外気浴はどのくらいさせたいか、少しの間なら泣かせておいてもかまわないかなどです。パートナーも、同意していることが前提です。

預け始めたら

あなた自身が保育者と一緒に過ごしながら、彼女と赤ちゃんとの相性を確かめられるように、

仕事復帰の1週間前くらいから保育をスタートするのが賢明です。このような期間を取れば、今後起こりうる問題を未然に防ぎやすくなり、赤ちゃんを保育者に預けて仕事に出ることに対する不安がはるかに少なくなるはずです。

　試用期間を設けることも、あなたとナニーの両者にとってよい方法です。あなたが育児に関して好ましくないと思っていることを伝え、彼女にも、それに従ってもらうよう頼みましょう。しかし、赤ちゃんの世話を怠ったら、いかなる場合でも即刻解雇すると、はっきり告げておくことも大切です。

サポート
赤ちゃんとふたりきりでいると、ひどく寂しさを覚えるときがありますから、保育者をサポートする手段が必要です。友達や近所の人との電話でのおしゃべりや、同じ地域で働いているナニーとの交流、また小さい子どもを連れた母親とナニーの集まりなど、気分転換をはかる手段を用意してあげましょう。

休暇
ウィークデーはフルに働き、週末は育児という生活はかなり疲れるでしょう。しかし、子どもを愛すればこそです。ナニーには、毎週適切な休日が必要です。週休2日が理想です。あなた自身も、時には休日に育児を休めるようにしたいものです。親族に助けを借りれば、あなたとパートナーとで、2人だけの時間がもてます。

あなたが仕事復帰を強く願うなら、心やさしく愛情あふれる保育者との出会いで、あなたの赤ちゃんは元気に成長するでしょう。ただしそのための準備には、あなたの念入りな計画と、監視が必要です。

復帰前の最終チェック

赤ちゃんを預けて仕事復帰する日が近付いたら、新生活のために準備しておくべきことをじっくり考え、万一の場合も含め、すべての準備を整えておくようにしましょう。出産後数ヶ月間は、頭の働きが鈍いと感じる女性が多いようです。ですから、紙に書き出してパートナーと計画を立て、何をどのように進めるのか、お互いによく理解できる状態にしておきます。

住み込み保育者のための準備

すでに保育者は決まっているでしょう（P.134～137で託児の準備に関するアドバイスがあります）。

しかし、あなたの仕事がパートタイムでもフルタイムでも、自宅で子どもの世話をしてもらうための、日常的で細かな事項については、見落としがあるかもしれません。例えば、保育者用に家のスペアキーを用意しましたか？ あなたの車を貸しますか？ もし貸すなら、保育者用の自動車保険に入りますか？ 住み込みの場合は、彼女の個室にシーツ、タオル、電気スタンド、テレビなどを用意しましたか？ 賃金の支払いはどのような方法で行いますか？ あなたとパートナーの職場はもちろん、かかりつけの病院、隣人、もっとも接触の多い親族などの電話番号の一覧表を作りましたか？ 子どもを預け始める前に、やるべきことはたくさんあります。

自宅外での保育

赤ちゃんを保育者に送り届けて出社し、1日の終わりには同じ経路を逆に向かうという生活を、慌てたり、遅刻したりせずに繰り返すためには、前もってじっくり計画する必要があります。

まず、送り迎えを誰がするか決めねばなりません。子どもを預ける場所と職場との距離や、あなたとパートナーの勤務時間によって決まってくるでしょうが、互いに協力して行いましょう。あなたが送っていき、パートナーが迎えにいくというような方法も考えられます。交通が遅れることも頭に入れ、余裕をもって家を出るようにし、イライラを回避しましょう。もし仕事次第でお迎えが遅れることがあるなら、事前に承諾を得ておかねばなりません。保育者の好意に甘えるような行動を続けていたら、彼女との関係は長続きしません。

赤ちゃん用品を入れる丈夫なバッグが必要です。その中には、おむつ、おしりふき、着替え、哺乳瓶、離乳を始めているならベビーフード、外遊び用の衣類、ベビーカー、お昼寝用にお気に入りの毛布、おもちゃ、連絡先の電話番号のリストを入れて持参します。

親の好み

子育てに他の人の手を借りるなら、母親と父親とが、基本的な事項に関して同意している必要があります。特に小さい子どもの世話を他人に委ねようと考えているときは重要なこ

とです。あなたの言うことと、パートナーの言うこととが、まったく違っていたら、保育者を混乱させる結果になってしまいます。例えば、父親はミルクのあとなら泣かせておいても構わないと考えていても、母親のあなたは、まったく反対の考えをもっているかもしれません。また、ナニーが赤ちゃんを別のナニーの家へ連れていくのを父親は嫌がり、あなたは好ましく思うかもしれません。彼とじっくりと語り合って問題があれば解決し、一致した考えを保育者に知らせましょう。

通勤着

もうマタニティウェアを着るのは嫌でしょうが、仕事復帰の時点では、妊娠前のスタイルにまだ戻っていないと思います。時間をかけてワードローブを総点検し、仕事に向きそうな服を選んでください。何枚か新しく買うのもよいでしょう。そうすれば、仕事に復帰した最初の週に、絶望的になって寝室のあちこちに洋服を投げつけることもないでしょうから。

母乳

母乳を与えているなら、授乳用のブラジャーとパッドの枚数が充分かどうか確認しておきましょう。通勤用のバッグにもパッドを何枚か入れておかねばなりません。なぜなら大半の女性は、赤ちゃんのことを考えただけで乳汁降下の反射が起こり、その結果母乳が洋服にしみ出してくるからです。母乳の出を調整するためには、仕事に戻る2週間前に日中の授乳をやめなければなりません。そうしないと、胸が張って痛くなり、職場で母乳を絞らねばならなくなります。

しかし、もし母乳を絞れば楽になるなら、職場でも気にせず搾乳し、すぐに冷凍しましょう。こうすれば、翌日の昼間に飲ませる母乳を確保できます。フルタイムで働いていると、当然その間は授乳できませんが、搾乳すれば赤ちゃんを母乳だけで育てることができます。この決断は、母乳だけで育てたいという願望が強いかどうかで決まります。

緊急時の準備

仕事に戻るにあたって、日常的な計画を決めたなら、問題が起きた場合の対処の仕方を考えておきましょう。問題が起きた場合に、複数の親族や友人に協力してもらえるかどうか頼んでみましょう。車が故障したときに、どのように赤ちゃんを送り届けるか、不測の事態が起きたときに職場を出やすいのはあなたとパートナーのどちらかなどについて、話し合っておきます。また、お隣に住んでいる人に、緊急の際の連絡先と家のスペアキーを渡しておきましょう。また、保育者が休むときはどうするかも決めておく必要があります。

様々な要素を日常生活にうまく当てはめようとしても、スムーズに進行するという保証はどこにもありません。しかし、入念に計画を立てておけば、不必要な心の混乱によって引き起こされるストレスを最小限に抑えることができます。常に忘れないでほしいのは、必要なときは助けを求めることです。

ついに復帰

男は仕事、女は育児という、世代を越えて男女間に存在する暗黙の了解がありました。現在多くの女性は、子どもを産んでからも仕事に復帰する選択をしています。しかし、家にいて、子守役を引き受ける父親は依然として少数派です。

多くのワーキングウーマンは、自分の仕事以外にも、毎日信じられないほど多くの責任をまっとうしなければなりません。育児に関する中心的役割もおそらく母親でしょうし、家事の大半も女性が担っていることでしょう。子どもに関する限りでは、全責任は女性の側にあるのです。なぜこうなるのでしょうか？　慣習と社会の期待が根強く残っていることや、男性より賃金が低く抑えられている女性の立場によって、今でも男性の仕事のほうが重要であるとみなされているのです。また、実際に子どもを産み、乳を飲ませる存在であることから、女性の本能的な子育て意識によるところもあります。

ですから、朝起きて、子どもを着替えさせ、保育者や学校へ送り届け、出勤し、夕方は子どもを引き取って家路に着くのは母親であり、男親はシャワーを浴びて着替え、仕事に出ていくだけという家庭は珍しくありません。男女の間に残っている、このような不公平な仕事分担を糾弾しなければなりません。男性は悪者になるべきでなく、女性の側も殉教者になるべきではありません。このように偏った、ストレスの多い役割のまま生活を続けることには、一切メリットはありません。

ふさわしい仕事分担

仕事に戻る前に、あなた、パートナー、保育者にとっての日々の役割を考えてみましょう。誰にでも得手不得手はありますから、例えばあなたが時間管理が苦手なら、赤ちゃんを保育者のところへ送っていくのは、パートナーの担当にしましょう。しかし、柔軟性は必要です。ふたりにとって初めての経験ですから、スムーズに事が運ぶようになるまでは、妥協することも必要になってきます。しかし、保育者のための食事や掃除に気を使いすぎてはいけません。住み込みのナニーを雇ったら仕事が増え、子どもがひとり増えたのと同じだと愚痴をこぼす女性もいるくらいです。

体力をつける

産後数ヶ月間は、多くの女性が赤ちゃんのことで精一杯で、自分自身のケアを忘れています。しかし、仕事復帰の前にまず何よりも優先させなければならないのは、健康に気をつけ、体調を整えることです。体力があれば、日々の忙しいスケジュールをこなしていけるでしょう。食事と運動の両方が大切ですが、ジムで長時間運動したり、カロリー摂取を制限したりする必要はありません。健康の維持が大切なのであって、痩せるためではありません。

産後は運動プログラムを実践する時間は取れなかったかもしれませんが、軽いストレッチ

ついに復帰 141

や、腹部や骨盤底筋を鍛える運動なら、行っているかもしれません。産後は、軽い運動から始め、筋力が戻ってくるに連れ、運動の強度を高めるとよいでしょう。赤ちゃんを連れて散歩に出るのもおすすめです。抱っこひもか、ベビーカーを使って、少なくとも30分の散歩を週5日続けます。小さい子どもを預かってくれるスポーツクラブやプールもあります。

　食生活は、この時期たいへん重要です。体重が気になるかもしれませんが、栄養バランスのよい食事をすれば、エネルギーと体力が戻ってきます。基本中の基本である果物、野菜、無添加食品で摂取する炭水化物ほど大切なものはありません。たとえ日中ひとりでいるとしても、食事は規則正しく取ってください。1度に大量に食べず、少量を何度も分けて食べるようにしましょう。その理由は、胃は少量のほうが効率よく消化できますし、あまりにもお腹がすいて、手っとり早くファーストフードを詰め込んでしまう事態を避けるためです。また、たっぷり水を飲みましょう。カフェインの取りすぎによる脱水状態は頭痛や倦怠感を引き起こします。仕事復帰は、きっと大きな試練となるでしょう。しかし、入念に準備を進め、仕事を再開するにあたって、自分に必要なサポートがどのくらいの費用で、どんなふうに受けられるのか調べ、時に混沌とした状態になってもユーモアを忘れなければ、驚くほど早くすべてが落ち着き、一家の新生活が軌道に乗ることでしょう。

赤ちゃん、仕事、社交、パートナーとの関係。これらすべてをうまく成し遂げようとすれば、誰にとっても疲労とストレスがたまります。最初から、周囲の人に必要な手助けを頼むようにしましょう。

ワーキングマザーの罪悪感

仕事に戻るときは、誰しも罪悪感を感じるものと理解しておいてください。ですから、罪悪感と戦おうとして時間を無駄にするかわりに、罪悪感を認めましょう。それが、ごく普通の人間の反応です。仕事に戻ったあなたの決断が間違っているという意味ではなく、あなたの、罪悪感という感情に対処するためです。

親としてしたことに、罪悪感を感じることは誰にでもあります。辛抱が足りなかった、添い寝してあげればよかった、もっと外気浴させてあげればよかった、度々泣かせっぱなしにしていた、もっと母乳を長くあげればよかった、親は色々な後悔をするものなのです。新聞や雑誌に掲載された育児に関する記事ひとつで、どんなによい母親でも落ち込んでしまったりします。まったくおかしなことですが、程度の差こそあれ、誰しも罪悪感は感じるものですから、自分だけではないということをまず知る必要があります。また、あなたが仕事復帰を決め、自分の宝を他人の手に委ねることにしたら、このような罪悪感が非常に強くなることも明白です。

赤ちゃんが失ったものとは？

赤ちゃんを保育者に預けることにまず罪悪感を感じるでしょう。彼女には、あなたほどの世話ができないことがわかっているからこそ、赤ちゃんに悲しい思いをさせるのではと心配になるのです。あなたの選んだ保育者が赤ちゃんの安全を守ってくれることは期待できても、あなたと同じように、赤ちゃんに必要な刺激を与え、精神的、肉体的、社会的自信を与えることはできるでしょうか？　答えはこうです。彼女はあなたとは別人ですから、あなたと同じようには世話できません。それに、違うからこそ価値があり、刺激という面においても、赤ちゃんの経験する範囲が広がるのです。赤ちゃんが保育者と一緒にいて落ち着き、楽しく過ごしているかどうかは、すぐに、そしていとも簡単に分かるでしょう。それに、もし楽しそうにしているなら、自信をもって彼女に子どもを任せるべきです。

あなたが失ったものとは？

あなたは次のような場合に特に罪悪感を感じるでしょう。すなわち、あなたがそばにいない間に、赤ちゃんが病気になったり、泣いたりしていたと保育者から聞いたとき。また初めて歩いたり、言葉が出たというような子どもの人生における重要なできごとに、仕事があるために、立ち会えなかったときです。これは、ワーキングマザーの不利な点ですが、子どもの人生における様々な瞬間を見逃すのは、今もそして将来も避けられません。もしそれが嫌なら、仕事について考え直さねばなりませんし、学校に上がるまでの数年間は、パートタイムで働いてもよいでしょう。しかし、もしあなたが仕事復帰を決め、仕事を楽しんでいるならば、子どもと一緒にいられる時間を大切にし、少々見逃したことがあっても気にしないことです。あなたの罪悪感はおそらくあなたの子どもの幸せを気にしてのことでしょうが、子どもは自分が初めて歩いたときに誰

が見ていたか、気にしているでしょうか？　常に保育者があなたと連絡を取れるようにしましょう。携帯電話のある時代では難しいことではありません。また、赤ちゃんの人生で記念すべきできごとがあったら、すぐに知らせてくれるよう頼んでおきましょう。

質の時間

ワーキングマザーが子どもと過ごしたいと思う「質の時間」、「完ぺきな」時間という言葉には、無意識的な罪悪感が含まれています。1日の大半は子どもと一緒にいられないため、帰宅するとどうにかしてそれを償おうとしているかもしれません。もしそうすれば、あなたの哀れな子どもは、ほかの子と同様に毎日遊んだり、自分の好きなことをしてのんびり過ごしているのに、突然、普段は留守にしている母親の躁病的な注意を向けられ、ゲームやパズルやフラッシュカードの爆弾攻撃を受けるでしょう。子どもにとって必要なのは、リラックスの時であり、抱きしめてもらうことです。あなたがそばにいることを知らせ、元の遊びに戻してあげましょう。罪悪感など感じずに、子どもと一緒にいられる時間を楽しみましょう。

疲労と育児

長時間働いていて、疲れ切って帰宅しても赤ちゃんをお風呂に入れたり、授乳や離乳食を食べさせたり、寝かしつけたりしなければなりません。子どもの世話を苦痛に感じるときも、あるかもしれません。このことが、再び罪悪感を感じる引き金になります。しかし、罪悪感を感じる代わりに、帰宅したら子どもの世話に取りかかる前に、お茶を飲んでひと休みする時間を必ず作りましょう。余分にお金はかかりますが、当初の予定よりも30分ほど保育を延長してもらったり、パートナーと1日交代で子どもの世話をする方法もあります。赤ちゃんは、あなたとパートナー両方の子どもであり、子どもの世話も当然パートナーと分担すべき仕事なのですから、気にすることはありません。

アクシデント

時に、思いもよらないことが起こったり、あなたの留守中に赤ちゃんがトラブルに見舞われることもあるかもしれません。このようなときに罪悪感を感じるのは理解できますが、毎日、赤ちゃんに片時も離れず過ごしている親はほとんどいませんし、アクシデントはアクシデントに過ぎず、予測不能なできごとはいつでも起こり得ます。あなたが働いていても、いなくても、関係ないのです。赤ちゃんの安全を守るために、できる限りの対策を立てているならば、何が起こっても自分自身を非難するに当たりません。あなたはどちらを選びますか。ワーキングマザーの罪悪感に浸って、緊張感とストレスをめいっぱい感じて過ごすか。それとも、あなたとパートナーの決断した子育ての進め方に自信をもち、赤ちゃんが1日の大半の時間を、自分の代わりに愛情をもって接してくれる人に世話をされ、楽しい時を過ごしているという事実に喜びを感じるか。前者のような思いを母親がもっても、赤ちゃんはありがたいと思わないでしょう。

　子ども時代に、自分を取り巻く人々が人間性というものを教えてくれます。もしそれらの人々と、よい経験を積み重ねていくことができれば、子どもは自分自身に、また他人との関係に自信をもって成長していきます。ですから、片時も離れず子どもについてやることができないからといって、罪悪感をもって子供に接するのはやめましょう。

フレキシブルな働き方

妊娠中は、初めての出産後、自分の気持ちがどのように変化するのか正確に予測することもなく、家庭や仕事に関する計画を立てたはずです。その時点では、非常に合理的な計画に思えたでしょう。しかし、多くの女性が働き方を変えられるものと考えないことから問題が生じます。そして現実には受け入れられない状況を受け入れ続けてしまった結果、挫折に至るのです。あなたがそのひとりにならないようにしてください。

仕事に関する議論は、「働くか、働かざるべきか」が論点になりがちで、異なった働き方の可能性について論じられることがあまりありません。男性中心社会である労働の場を、増え続ける女性労働者の利益に結びつく形へと変えていくのは、並大抵のことではありません。しかし一部の会社では、ワーキングマザーが働きやすい環境を整えなければ、結果的に従業員を失うため、社員教育や採用に毎年莫大な経費を損失している事実に気付き始めています。

育児や介護の責任をもつ人のために、フレキシブルな働き方の調査と奨励を行っている「ニューウェイズ・トゥー・ワーク」や、「イクアル・オポチュニティーズ・コミッション」（機会均等委員会）は、どちらも、フレキシブルな働き方が認められる家庭重視の労働環境を実現すべく、女性が社会に働きかけていくべきだとしています。

昔ながらの職場の慣習に束縛されるのをやめ、子育ては、男女と社会が共に分かち合うべき責任であり、もはや女性だけの役目ではないということを知らせることができるかどうかは、ワーキングマザー次第なのです。統計によれば、現在フルタイムでの就業が可能な女性は57.1パーセントに過ぎません。その理由は、子育ての責任があるとみなされているからです。しかし、92.5パーセントの男性が働き続けています。もし女性が、仕事と家庭を両立できるようフルタイムとは違った形での働き方を求めるなら、私たちひとりひとりが、立ち上がって声を大にして訴えるしかありません。まず最初に、どのような働き方があり、あなたと家族に最適なのは形態はどれか、考える必要があります。

働き方を変える

従業員から、子育てを理由にフレキシブルな働き方を求められたら、その要求に対してじっくりと検討する義務が雇用主にはあり、経営上の正当な理由がない限り、その要求を却下することはできないことになっています。もし通常とは違った働き方を求めているワーキングマザーに、フルタイムで働くよう強く求めれば、その雇用主は女性の不利益を強要することになります。ですから、もしこのようなケースが雇用審判に持ち込まれた場合、雇用主は間接的な性差別を行ったと裁定されるでしょう。しかし従業員の側も、子育てのために短時間労働を希望する具体的な理由を明らかにする必要があります。女性にパートタイム労働が認められている職場で、男性が

パートタイムを希望しても認められなかった場合、直接的な性差別であると主張することができます。

　大半の職場には決まった勤務時間があります。9時から5時が一般的ですが、私たちの多くが、雇用主も従業員も同様に、必ずこの勤務時間を守らなければならないと考えています。勤務時間を同一にする必然性はないという決断を下すには、時間をかけて考える必要がありますし、あなたの雇用主は、おそらくこれまで勤務時間を変えるよう求められたこともなかったのでしょう。しかし、教育雇用省が1996年に行った調査によると、調査対象となった1311人の雇用主のうち71パーセントが、何らかのフレキシブルな勤務形態を取り入れていました。ワーキングマザーが仕事の世界を去らなくても、よりよい生活の質を確保できる柔軟性のある働き方は、いくとおりもあります。もしあなたが今の働き方を好まないなら、雇用主に違った働き方を提案し、両者で同意に達することができるか、確かめてみましょう。あなたの提案のどのような点に対して雇用主が難色を示すか、事前に考えておきます。

フレキシブルな働き方を認めない雇用主

このような働き方を認めない雇用主の、共通する理由を挙げてみます。しかしこれらは、雇用審判では正当な理由とみなされないでしょう。
- 責任のある立場である。
- パートタイムに欠員がない。
- 時間外勤務が不可欠である。
- 担当してきた仕事の継続性がたいへん重要である。

もしあなたの雇用主が、このような理由をあげたら、間接的な性差別であると、主張することができます。

希望を明確に伝える

働き方を変えたいなら、ためらわずに申し出てください。雇用主のほうから提案してこないのは、異なった雇用形態について、これまで考えたことがないからです。しかし前例がないからといって、あなたの申し出が受け入れられないとは限りません。特に、あなた自身のみならず、会社にとっても好都合なら、よい結果が期待できます。

フレキシブルな働き方とは

フルタイムに代わる働き方として、次のようなものがあります。
- パートタイム労働（参照 →P.146〜147）
- フレックスタイム制　労働時間は同じですが、時間帯は自由です。例えば、子どもを学校に迎えに行く時間には家にいられるよう勤務時間を調整することができます。
- 一部在宅勤務　週ごとに届け出て、自宅で仕事をする制度です。1日のうちの数時間のみ在宅で仕事をしたり、週に何日か出社しないで働くことも可能です。IT革命によって、このような勤務形態の可能性が広がりました。
- 保育事情に合わせたシフト制なら、月曜、火曜は丸1日働き、保育者が他の家庭と契約している水曜と木曜の午前中は休みを取るといった働き方が可能です。シフト制の場合、予定していなかった勤務時間や超過勤務を突然求められることがないかどうか、確かめておかねばなりません。
- ワークシェアリング　あなたと同等の資質をもつ人と、ひとつの仕事を分け合う働き方です。（参照 →P.148〜149）

パートタイム

産休明けに仕事復帰を考えていても、9時から5時までのフルタイムの仕事のスケジュールに合い、信頼のおける保育サービスが見つからない場合もあるでしょう。もしくは、子育ての責任がなかったころのような長時間労働は、今では精神的体力的に厳しすぎると感じるかもしれません。パートタイムの仕事は、そんなあなたにとって、よい選択肢ではないでしょうか。

保育を依頼する際に、思いがけない問題が出てくるかもしれません。例えば午前中しか預かれないとか、月曜や金曜はよその仕事があると保育者に言われても、金銭面から他の選択ができない場合があります。また、これまでの仕事と母親としての役割を両立できないと考えているかもしれません。あなたの会社が、これまでにパートタイマーを雇っているかどうかにかかわらず、会社側はパートタイムという労働形態を取り入れることを真剣に考えなければなりません。パートタイム労働を求める法律は、フレキシブルな労働、ワークシェアリング、短時間労働、在宅勤務を求める法律と同じです。

育児のために新しい雇用形態を望むなら、雇用主に求める権利があります。一方で雇用主には、このような従業員の要求を検討する義務があり、経営上の正当な理由なく要求を拒んだ場合は、間接的な性差別とみなされます。

あなたの雇用主は、パートタイムでは仕事がこなしきれないと言うかもしれません。このような場合、雇用主はワークシェアリング契約で、別の人の雇用を考えねばなりません。しかし同じ仕事をふたりで行うと持続性が欠けるという理由で、ワークシェアリングという解決策に雇用主が同意しないことがあります。ワークシェアリングが明らかに可能な場合でも仕事がうまく進まない場合は、仕事の完成度に満足がいくまで、担当しているふたりが連絡を取り合うという単純かつ現実的方法があります（参照 →P.148～149）。

パートタイマーを雇う余裕がないと、雇用主に理由を告げられるかもしれません。あなたの仕事の内容にもよりますが、必ずしも妥当な理由ではありません。会社側は、あなたをパートタイムで雇うと、国民保険の掛け金の支払いが減ります。なぜなら、掛け金は給与の額によって上下するからです。それに、他のパートタイマーと交代で勤務すれば、必要な備品類も共用することができます。

職種によっては、女性従業員が毎日5時30分に勤務を終えたいと申し出ても、認められにくい場合があります。例えば帰宅中の人々をターゲットに夜7時まで営業している美容室のように、夜遅くまで仕事を続けなければならない業種なら、このような申し出を断られてもやむを得ません。もし、5時30分以降に働くことができなければ、その後も仕事を続けている他の従業員の負担が増えて公平さを欠いてしまいます。また、終業時刻の7時まで1時間半だけ別の人を雇うというのも現実味がありません。しかし、ワークシェアリングは、このような場合に、よりよい解決法となってくれます。

保育とパートタイム労働

いかなる状況でも、安心して任せられる保育者を確保するのは難しいものです。あなたがなかなか専属の保育者をみつけられない裏には、パートタイムの仕事を希望する保育者が少ないという問題があります。あなたがパートタイムの保育者を希望するのは、保育料を抑えたい、もしくは子どもが小さいうちは、親子で過ごせる時間を多く取りたいという理由でしょう。しかしあなたが週2日、火曜と木曜だけ仕事に出たいと思っても、保育者は別の日にも働く必要があるため、月、水、金曜に保育を希望している人を別に探すというのは、そう簡単なことではありません。

　雇用主に勤務時間のことを切り出す前に、誰が何時間赤ちゃんを世話するのか、はっきりさせておくことをおすすめします。しかし、あなたの仕事を、職場と自宅とで分けて行うこともできるかもしれません。親族に1日だけ子どもの世話を頼み、あとの日を保育者に頼む方法もあります。雇用主にとっても、仕事を片づけることができさえすれば、あなたに出社日を選んでもらうことに問題はないでしょう。友人、知人を当たり、あなたと一緒に保育を頼みたい人がいないか探してみましょう。もしかすると、パートタイムで仕事をしたいけれど、やはり保育者がみつからないというトラブルを抱えている人がいるかもしれません。

サービス残業

パートタイムで働く人すべてが注意しなければならないのは、労働時間がフルタイム同然になってしまっているのに、なお、パートタイムの勤務時間分しか賃金が支払われない状況です。フルタイムからパートタイムに替わって、これまでと同じ仕事を続けるのは非常に難しいでしょう。同僚があなたのフルタイムのころの仕事量に慣れているからです。中には、あなたがフルタイム同然に働こうとしないことに憤慨する人もいるかもしれません。特に、パートタイムになったあなたの仕事量をうまく調整するような管理が、きちんとなされていない場合は、トラブルが起こりやすくなります。もし雇用主があなたの好意に甘えていると感じたら、自分の仕事量をこなせる範囲内まで減らすか、時間の不足分を補ってくれる他のパートタイマーを雇ってもらうよう、交渉しましょう。

雇用主が拒否したら

あなたと雇用主がフレキシブルな働き方に関して合意に達することができないため、退職せざるを得ないなら、間接的な性差別を行ったと訴える権利があります。問題が起きたら、3ヶ月以内に雇用審判所に訴えを起こさなければなりません。賠償金の額は、給与の損失額をもとに算出されるため、あなたの通常の給与額次第で変わってきます。慰謝料として、2000ポンドから5000ポンド支払われるでしょう。

　自分の権利を守るために会社を相手に立ち上がるのは、たやすいことではありません。しばらく職場を離れていて以前ほど自信もなく、仕事を確実にこなせるか不安に感じているときは、なおさらです。しかし、子育て中の女性にとって、職場をより快適な場にしていく唯一の方法は、これまでとは異なった働き方を求めて交渉する勇気をもつことです。

ワークシェアリング

ワークシェアリングも、選択肢のひとつとして考えてみましょう。産業省が行った1998年の調査によると、およそ女性労働者の15パーセントと男性労働者の5パーセントが、ワークシェアリングで働いています。私たちには、それぞれ得手不得手がありますから、入念に人選しさえすれば、同じ仕事のためにふたりを雇用することによって経験と技能の大きな基盤を作ることができます。

例えば、ワークシェアリングの契約により、ふたりの女性を雇って大食堂の経営を任せたとします。ひとりは、簿記と食材仕入れ量の見積もりが得意で、もうひとりは職場のムード作りに長けており、従業員の採用や解雇を担当するとします。一方は、子どもを小学校に迎えに行かねばならないという理由から、午前中を中心とした勤務時間を好み、他方は、パートナーが教室を開いているため、昼間は家にいたいと考えるかもしれません。このような場合は、ワーキングマザーだけでなく、雇用主にとっても利点が多いものです。

女性の中には、仕事を分かち合っている同僚のほうが、自分よりも有能だと判断されるのを恐れ、常に競争し合わなければならないような感覚にとらわれ、ワークシェアリングを窮屈に感じる人もいます。これは自然な人間の反応ではありますが、その同僚を、あなたの仕事の能力を助けてくれる存在とみなして役割分担すれば、互いに自分が得意とする仕事をこなすことができます。もし同僚が競争意識をもっていると感じたら、それを相手に伝え、なぜそのような意識をもつのか、理由を聞いてみましょう。

勤務時間の変更

母親になって勤務時間を変えたいと考えている場合、最良の働き方とはどんな形でしょうか？ 自分自身で下のような問いに答えてみてください。それから、雇用主や人事担当者、労組の代表にアプローチしましょう。

- 現在、どのような働き方をしていますか？ 1日じゅう、仕事量が均一ですか、それとも、特に忙しい時間帯が決まっていますか？ 忙しい時間帯とは、自分でその間仕事を集中的にしているのですか、それとも、外的な影響によるものでしょうか？ 例えば、スポーツジムに勤めているとすれば、もっとも忙しい時間帯は、通勤途中に会員が立ち寄る、朝か夜のはずです。この場合は、忙しい時間帯を自分で調整することはできません。海外とのやりとりが多い仕事に就いているなら、勤務中は、時差を意識して仕事を進めねばならないはずです。これまでどおりに仕事を進めねばならないのか、それとも、別の方法があるのか、決めねばなりません。
- 次に、あなたの仕事は、必ずひとりでやらねばならないものか、それとも、誰かと共同で進められるものか、よく考えてみましょう。誰しも、現在の仕事に、自分自身は不可欠であると考えがちですが、本当にそうでしょうか？

- 仕事をいくらか自宅ですることはできないでしょうか？　コンピュータ、ファックス、電子メール、携帯電話によって、驚くほど容易に連絡が取り合える現在では、必ずしも1ヶ所に集まって仕事をする必要もなくなってきました。週に2日程度、もしくは、午前中出社し、午後自宅で仕事をするというスタイルなら、実現しやすいと思います。
- どの時間帯なら現実的に仕事ができるでしょうか？　仕事復帰の際は、楽観的に考えすぎる傾向があります。なんとかやっていくことができると考えているのでしょう。しかし、あなたは、仕事に関してだけでなく、家庭生活の質についても考えをめぐらすべきです。もし疲れやすく、体調がすぐれないようなら、まず、働き過ぎに間違いありません。
- 率直に言って、今より勤務時間が短かったら、うまく仕事を終えることができたでしょうか？　必要なのは何時間ですか？
- 働き方を変更したいというあなたの申し出は、あなたと雇用主の双方にとってふさわしいものでしょうか？

あなたの権利

あなたが短時間の勤務や、ワークシェアリングなど同僚とは異なった働き方をしていても、権利があることには変わりありません。

- 働き方が変わったことを理由に、雇用主が従業員を地位の低い仕事に変えることはできません。
- 通常の勤務時間どおりに働いていたときよりも、時給が低くなることはあり得ません。その理由は、勤務時間が短くなっても、労働の価値が低いという意味にはならないからです。
- 労働時間に比例して、これまで同様、休暇を取得する権利があります。
- いったん勤務時間の変更を申し出たら、雇用主が同意しない限り、元通りのフルタイムに復帰できる法的権利がないことを知っておかねばなりません。ですから、雇用主にアプローチする前に、じっくり考える必要があります。

利益

すでにおわかりだと思いますが、勤務時間の変更や、別の人と仕事を共同で行うという、ワークシェアリングの提案は、あなたの会社にとっても利益を生み出します。ですから、あなた個人が満足感を得られる働き方というのは、すべての人にとっても恩恵があるという見方をしてみてください。もし、雇用主に提案が受け入れられなければ、他の選択に移ればよいのです（会社の経営が成り立たなくなる場合は拒否を正当化できることも考慮に入れて、雇用主に交渉しましょう）。子どもが成長し、家族のニーズが変われば、あなたの仕事に対するニーズも変わるでしょう。

フレキシブルな会社

従業員のために、非常にフレキシブルな勤務形態を取り入れている進歩的な企業は、このような勤務形態が大きな利益を生んでいることに気づきました。ある会社がこのような制度をスタートさせてから、産休明けに職場復帰した女性の率が、7パーセントから50パーセントにアップしました。別の企業では、制度導入後5年間で、社員教育や採用にかかる費用や、生産性の向上から、トータルで100万ポンドの経費削減に結びついたと述べています。

在宅ワーク

赤ちゃんがいる今では、自営するか、もしくはパートタイムかフルタイムの仕事をするか、仕事について妥協できる方法をみつけることになります。毎日赤ちゃんを預ける必要のない在宅ワークは、あなた自身に合った労働時間が確保できるだけでなく、通勤の悩みもありません。

働く場所や働く時間に関する柔軟性には、大きな意味があります。しかし、仕事と子どもの世話を同時にしようとしても、まず、うまくいくことはありません。結局は、子どもが寝付いてから夜遅くまで働くことになるはずです。このような生活をしていると疲労がたまりますし、定収入を得るために最低限必要な仕事をこなすことすら難しくなるかもしれません。1日何時間か、誰かに赤ちゃんの世話をしてもらうのがベストでしょう。そうすれば、あなたも仕事に集中し、早く終わらせることができます。

自営業

退職し、フリーランスになると決める前に、次に挙げる厳しい質問に答えてください。
- 在宅での仕事を実現可能な選択とみなすだけの意欲が、あなたにありますか？
- 定収入を得るのに充分な仕事を得ることができますか？　もしできるのなら、どのようにその仕事をこなしていきますか？
- おしゃべりのできるような同僚のない仕事に、寂しさやつらさを感じることはないでしょうか？
- 開業にはいくらかかりますか？　資金の準備はありますか？
- 仕事を終えるためには、何時間保育してもらう必要がありますか？　賃金が安く、通常は午後に休みを取るオーペアが、最適な選択でしょう。

もし、著述業、デザイナー、研究者、セラピスト、会計士のように自宅での仕事に結びつく技術が身についているなら、子どもの人生最初の年に対処するのに、理想的な働き方と思われます。しかし、それなりの準備を整えることが、何よりも大切です。毎晩部屋を片づけて仕事用のスペースを作るのでなく、最初から、仕事のスペースを確保しておくべきでしょう。また、「勤務時間」中は、洗濯・掃除などの家事をしたり、友達を招いたりしないことを心しておきましょう。あなたは自宅で仕事をしており、労働時間に関しては融通がききますが、あなたの仕事の重要性が低いという意味ではありません。

家族のことを考える

自宅で仕事をする際の問題のひとつは、あなたが常に仕事の環境にいることです。たとえパートナーが帰宅してくる夜でも、それは変わりありません。ですから、あなたが仕事のスイッチを切ることができなければ、パートナーや子どもとの時間にまで仕事が浸食してくる

可能性があります。夜や早朝に仕事関係の電話を受けたり、仕事の関係者が立ち寄ったり、仕事時間中以外でも届け物があったり、週末にも働くことを期待されたりすることに、プレッシャーを感じるかもしれません。また、あなたの頭を悩ませている仕事上の問題を解決するために、夜遅く再び書斎に戻りたくなってしまうかもしれません。このような行動は、たとえ短時間でも、あなたの周囲の人にとって我慢できないでしょうし、あなた自身も疲れが増すはずです。

仕事と家族で過ごす時間の境界をはっきりと決め、それを守り通さねばなりません。仕事の関係者に、外部の勤務時間には合わせられない、また週末は仕事ができないことを伝えましょう。「勤務時間」が終わったら、仕事の緊張を解き、書斎のドアを開けないための方法を探しましょう。もし可能なら仕事用の電話をもち、仕事中は家庭用の電話は、留守録状態にしておきましょう。

自宅の近くで働く

自宅で仕事することを考えていなくても、転職するという手段で、自宅の近くで働くことが可能です。職場と自宅との距離を、これまであまり気にしたことはなかったでしょう。通勤時にイライラすることはあっても、なんとかなったはずです。しかし赤ちゃんが生まれ、仕事復帰を考えている今では、通勤にかかる時間と交通の利便性は、より重要性を増しています。自宅近くの小児科にかかるためにも、職場が遠いと不都合です。

もし自宅で子どもをみてもらうのでなく、チャイルド・マインダー宅や保育所に子どもを送っていくなら、それだけ移動の時間が長くかかるため、せわしない日々を送ることになります。仕事によっては難しい場合もあるでしょうが、もし事情が許せば、自宅近くに職場を変えることも、考えてみてください。1日の労力の差はストレスとなり、仕事を続けるか、やめるかという選択に結びつきかねません。今あなたが就いている仕事に代わるものが、自宅近くにないか探してみましょう。

もし仕事を変えたくないなら、職場近くに引っ越すという選択もあります。引っ越しのような大仕事をあえてする必要はないように思えるかもしれません。しかし予測可能な将来にわたって、今の仕事を続けていくとすれば、保育所を経由して出社し、夕方はその逆を繰り返す生活を何年も続けなければならないのです。忙しすぎて疲れ果ててしまう前に、解決すべく、よく考えてみる必要があります。

仕事はあくまでも仕事であり、あなたが母親であるか否かは関係ありませんし、赤ちゃんがいるからといって、いい加減な仕事をして許されるものではありません。しかし、あなたが仕事をしている状況は、中途半端で終わるか、大きな成功を招くかという差につながります。ですから、できるだけあなたの仕事に役立つような仕事環境を模索してください。

育児休暇

子どもが小さい間、短時間勤務に変わるという選択肢とは別に、仕事の内容や地位次第では、育児休暇を取れる場合があります。子どもが小さいうちは、休みを取るのもよいでしょう。

この休暇中は仕事を離れますが、会社に籍は残っており、休暇終了後は仕事復帰することが前提となっています。ただし、一般的には、育児休暇中は無給もしくは、通常の給与の一部しか支払われません。ですから、この休暇を有意義に過ごすためには、別の方法を収入を確保しなければならないでしょう。

休業期間

短くて3ヶ月、長いと5年もの休業期間中は無給で、大半の場合、12ヶ月以上勤続していることが、休暇取得の条件です。この休暇制度の適用を受けるための資格や休暇期間を多様に設定している企業が多くあります。

休暇後、以前と同じ仕事や、少なくとも似たような仕事で復職することが前提となっているのですが、再雇用は必ずしも保証されていません。またほとんどの場合、6ヶ月間の試用期間を設定されたり、何らかのトレーニングを受けなければなりません。休暇の期間にもよりますが、即戦力として働いてもらうためです。

毎年、定められた日数だけは出社を求められる会社もあり、出勤日には通常と同じ時給が支払われます。年2週間前後の出勤日が設定されており、1ヶ月に1日というように、定期的に出勤せねばなりません。

育児休暇を取るメリットは、産休の終了後に退職したり、他の仕事を探したりするのに比べて、妥当なレベルで仕事が確保できることです。しかし、このような休暇の取得は、出世にはプラス材料になりませんし、年金の権利もおそらく失うことになるでしょう。それでも、このような長期休暇制度は、子どもが保育園や小学校に上がるまで家にいたいと考える女性に、たいへん歓迎されています。もし、あなたの会社に育児休暇制度がないなら、取り入れてくれるよう提案してみてください。

サバティカル（注1）

女性が第一子を出産する年齢は上昇し続けています。35歳以上で初産を経験する女性の比率は、1988年には4.5パーセントでしたが、1999年には、11パーセントにまで増えています（統計は、1999年の労働力調査より）。また、初産の女性の平均年齢は、1998年には25.1歳でしたが、1999年には26.9歳になっています。サバティカルとは、通常、永年勤続のほうびとして雇用主から与えられる休暇なので、出産年齢の高い女性が、今後ますますサバティカルを利用して産休を延長するケースが増えるでしょう。

本来サバティカルとは、教育者や学者など、研究者に与えられる長期休暇です。有給無給、どちらの場合もあります。休暇中の過ごし方に制限がない場合もあれば、何らかの研究を

行ったり、知識の向上を求められる場合もあります。一例を挙げれば、大学教員は、この休暇中に本を執筆することが多いのですが、執筆の場所は自宅の場合が多く、自分の都合のよい時間に進めることができます。雇用主の20パーセント程度がサバティカルの制度を取り入れており、女性と同様、男性にも適用される休暇制度なので、あなたの出産前後にパートナーがサバティカルで休みを取ってくれれば、彼に家事や育児を任せ、安心して仕事復帰することができます。

タームタイム制度（注1）

ワーキングマザーは、教師の長期休暇をうらやましく思うものですが、男性にも適用されるこのタームタイムとは、学校に上がった子どもの長期休暇中の世話に頭を悩ませる親が、フルタイム、パートタイムを問わず、取得できる休暇です。休暇中は無給ですが、職を失う心配はありません。契約で復職が保証されており、学校の休みに合わせて、年に13週程度取得することができます。4週間の年次有給休暇もこの13週の中に含まれますので、無給の休暇は9週間になります。サバティカルと同様、休暇中にも時々、予定していた日に出勤しなければなりません。

短縮勤務制度

短縮勤務制度は、完全な休暇ではありませんが、ほぼ同等とみなすことができます。産休終了後は自分の都合に合わせて週16時間（会社によって異なります）勤務すればよく、その後少しずつ労働時間を増やして、6ヶ月後には通常の労働時間に戻します。給与は働いた時間分だけ支払われます。Vタイムも同様な時短制度ですが、こちらは米国で普及が進んでおり、英国でもこの制度を取り入れる企業が増えつつあります。ひとつ注意点を挙げておきます。パートタイムやフレックス制と同様、勤務時間内にはこなせない仕事量を期待される心配があります。

たとえ、現在、あなたの雇用主がこのような休暇制度を取り入れていなくても、様々な休暇制度について調べてみる価値があります。ここで紹介した休暇の取得に関しては、労働者に法的な権利がありませんが、あなたの申し出を正当な理由なく雇用主が拒否した場合は、間接的な性差別になります。労働の現場に、このような制度が浸透し始めた理由は、子育てと仕事を両立させるための動機を女性が必要としていると、雇用主が気付いたからです。多くの企業は、これらの制度は退職者を減らし、採用や教育の無駄をなくす有効な手段であると認めています（参照 →P.149のコラム）。

注1 サバティカル、タームタイム制度とも日本では、ほとんどありません。

パートナーとの時間

こんな悲しい言葉をあなたは何度聞いたことでしょう。「子どもが生まれてから10年間、ふたりきりで休日を過ごしたことが1度もないね」。出産直後に育児を休むというのは現実的ではありませんが、この言葉の裏に隠されている人生観こそ問題です。

子どもが生まれて親となり、家族3人の生活が始まったからといって、あなたとパートナーだけの関係をあきらめなければならないわけではありません。ふたりだけの時間をもつのは簡単なことではありませんが、不可能ではないのです。あなたは、その重要性を認識し、自分たちでそのための時間を作る努力をしなければなりません。

3人家族に

赤ちゃんとは添い寝で、生活はすべて赤ちゃん中心。たとえパートナーとふたりきりでロマンチックなディナーを楽しもうとしても、傍らのベビーモニターがアラームを鳴らし始める……。よくある話ですし、赤ちゃんの誕生から数ヶ月は、あなたとパートナーとの関係よりも、育児が優先されるでしょうから、これが口論の原因にはあたりません。しかし、赤ちゃんが成長し、自立が進んでからも、このような習慣を続けるのは危険です。

仕事に復帰し、自分自身の時間がより限られてくると、パートナーとの独立した関係は、悲しくも静かに消滅していくでしょう。このような事態は避けなくてはなりません。

小さいことから始める

パートナーとふたりきりで、週末をホテルで過ごしたり、数週間旅行に出るというようなぜいたくは、現実的ではありません。少なくとも、子どもを喜んで引き受けてくれる保育者がいて、このようなぜいたくができる金銭的余裕がなければ、不可能です。しかし、ディナーに出かけたり、もし経済的に難しければ、赤ちゃんを祖父母や友達に預け、ふたりきりの時間を作ることはできるはずです。仕事に戻ったら、パートナーとお昼を一緒に食べたり、帰宅前に待ち合わせて一杯飲むのもよいかもしれません。同じスポーツジムに通うという手もあります。毎週いくらかは、子ども抜きで一緒に過ごせる時間を作りましょう。そして、せっかくの時間をナニーや学校選びの話題で終わらせないでください。子どもができる前に話していたような話題を思い出してください。

おつき合い

やはり、おつき合いも産後しばらくはお預けとなります。夜遅くに出歩くだけの体力が回復したと感じ、子どもの預け先が確保できるまでは無理です。しかし赤ちゃんを、外出できないとか、友人の集まりに欠席する理由にしないでください。ほとんどの人は、パーティの間、赤ちゃんのために喜んで別室を用意してくれるでしょうし、自分たちの子どもと一緒に寝かしつけてくれるでしょう。もちろん、毎晩パーティに出かけるのは考えものですが、週に1度くらいなら、子どもにとっても楽しいでしょうし、また、

いつもどおりのおつき合いができることに、あなた自身も大きな喜びを感じると思います。

時間を無駄にしない

親になってからの問題のひとつは、特に両親ともにフルタイムで働いていると、いとも簡単にカップルとしての時間が損なわれることです。なぜなら、これまであなたが育児に必要な役割分担をしてこなかったためです。あなたの大切な子どもがベッドで心地よさそうに眠っており、ふたりきりの時間を楽しめるときに、あなたが口にすることといえば、「子どものお風呂の時間に間に合うように帰ってきてよ」とか、「おむつ買ってくるのを忘れたの？」などなど。どれもつまらないことですが、育児に関する言い争いは、どの家庭にもあることです。あなたが、この問題に一から取り組まない限り、子どもが大きくなっても、状況は変わりません。もしあなたが、口論のパターンにはまってしまったと感じたら、深呼吸してから、ふたりで腰かけ、子育てのプランについて話し合いましょう。結局は、あなたたちはふたりとも同じ側にいるのであり、大切なのは、両親が足並みを揃えて、子どもに最良のしつけをすることなのです。ですから、何の意味もない口げんかでふたりの時間を無駄にしないように気をつけましょう。

自分自身の時間

子どもが生まれると、自分の時間は崩れてなくなります。特に、ふたり目以降は、よほど注意しないと自分の時間は確保できません。赤ちゃんが寝てくれたと思ったら、上の子が起き出したり、その逆もあるでしょう。また赤ちゃんに授乳していると、上の子が夕飯を早く食べたがったり、子どもふたりを寝かしつけて、やれやれと思っていると、パートナーが帰宅し、父親の声を聞きつけてまた、子どもが起き出してきたりします。さらにチャイルド・マインダー宅に子どもを送り届けてから出社する毎日では、他でもない、自分自身のことをいったいいつ考えればよいのでしょうか。

あなたのために時間を用意してくれる人は誰もいません。ですから、自分自身で時間を生み出さなければなりません。それに、そうすることに罪悪感を感じることはありません。まず、週末はパートナーと交代に朝寝坊できるよう、朝、少なくとも1時間は、どちらかが子どもたちを外に連れ出すようにします。

小さいころから、子どもたちが自分自身で楽しみをみつけられるように育てます。子どもたちのあらゆる気まぐれに付き合っている親ほど悲しいものはなく、もちろん子どもにとってもよいことは何もありません。

週に1度はパートナーに子どもを任せ、お稽古ごとに通ったり、友達と出かけましょう。また、自分の両親や義理の両親を週末家に招べば、たまには子どもを両親に預けて、パートナーと海に出かけてビーチで寝そべったり、ふたりの時間を楽しむことができます。覚えておいていただきたいのは、あなたとパートナーそれぞれのニーズに応えることが、子どもたちのニーズと同様、楽しい家庭を作っていくうえで非常に大切だということです。そのうえ、もし子どもが、他人のニーズや家族全員の幸せについて考える機会をもたずに成長したら、すぐれた人格をもつ大人にはなれないでしょう。家庭生活は難しいバランスを必要としますが、家庭を作っている家族ひとりひとりには、等しい思いやりが必要であることを決して忘れないでください。もちろん、そこにはあなた自身も含まれるのです。

用語解説

Rh因子 母親の血液型がRhマイナスで、第1子の血液型がRhプラスの場合、母親がガンマグロブリン注射を受けないと、第2子が重症の貧血など溶血反応を起こす。

EDD(The estimated date of delivery of the baby) 出産予定日。

会陰切開 胎児の頭が通過できるよう、会陰部(膣から肛門にかけての部分)に行う切開。

SIDS（乳幼児突然死症候群） 突発的で、説明のつかない乳幼児の死亡。タバコの煙、うつぶせ寝、高すぎる室温などが、原因のひとつとみられている。

SUDI (Unforeseen death in infants) 乳幼児の突然死。原因が特定できる場合も、そうでない場合にも使われる。

オキシトシン 分娩を促すホルモン。

悪露 出産後に膣から流れ出る分泌物。血性、もしくは血が混じったピンク色。

鉗子分娩 鉗子で胎児の頭を挟んで引き出す分娩法。

硬膜外麻酔 分娩時に、脊椎の周囲にある硬膜外腔に麻酔注射を打ち、下半身を麻痺させる局所麻酔。

骨盤位(逆子) 子宮内での胎児が、子宮口に向かって頭でなく、お尻を向けている体位。

骨盤底 子宮、膀胱、直腸を支える筋肉。

臍帯 へその緒。胎児と胎盤とをつなぐ縄状の器官。

子癇前症 治療しないと、母子両方の生命が危ぶまれる妊娠中毒症の一種。高血圧、浮腫、タンパク尿を伴う。(より重症になると子癇に至るが、子癇前症の段階で治療されるため、子癇に至るケースはまれ)。

子宮外妊娠 子宮外に受精卵が着床した妊娠。卵管に着床するケースがもっとも多いが、流産に終わる。

子宮頸管無力症 子宮頸管が弱く、分娩時まで胎児を支えることができず、流早産を起こしやすい状態。

子宮口 分娩開始時に広がる、子宮の首にあたる部分の筋肉の輪。

子宮収縮 子宮の筋肉の緊張と収縮。分娩時にもっとも強くなり、胎児を子宮から産道へ押し出す。

死産 妊娠28週目以降(日本では22週以降)の分娩で、胎児が死亡していた場合。

初乳 出産後、数日間に分泌される母乳。特に、タンパク質に富み、抗体を含む。

脊椎披裂 神経管の欠陥。胎児の脊髄の奇形が原因。

染色体 身体の発育や機能を決定する遺伝情報を含む、DNAのコイル状構造体。

絨毛 胎盤と子宮壁の間にみられる小突起で、受精卵が子宮壁に着床するのを助ける。

絨毛採取 母体の腹壁、子宮壁に針を通すか、膣を経由し細いチューブを使って採取した絨毛による検査。

胎芽 妊娠12週まで(日本では8週未満)の胎児。

胎脂 妊娠中に胎児の皮膚をおおっているロウ状の物質。胎児を羊水から守る役目を果たす。

胎児 妊娠13週目以降(日本では8週目以降)の赤ちゃん。

胎盤 子宮内壁で成長し、妊娠中、胎児の成長を支える器官。

ダウン症候群 染色体の過剰によって起こる先天異常症。特徴的な顔立ちと精神の発育遅滞がみられる。

超音波検査 高周波を当て、その反射波による断層映像で胎児の成長を把握する。

帝王切開 母親の腹部を切開して胎児を取り出す手術。全身麻酔か、硬膜外麻酔のもとで行う。

頭位 分娩前の胎児が、子宮口に向かって頭を向けている体位。正常位とも呼ぶ。

糖尿病 ブドウ糖の代謝ができない状態。糖尿と血糖値がサインになる。

トキソプラズマ ネコのフンに寄生している原虫の一種。胎児に視覚障害を引き起こす。

ドミノ制度 病院と助産婦が妊婦検診と分娩をコーディネートする制度。

排卵 卵子が卵巣から排出されること。

風疹 妊娠12週までにかかると、胎児の異常や流産の原因となる。

浮腫 リンパ液・漿液の停滞。通常、足首や手指のむくみとして認められる。

ブラックストン・ヒックス収縮 妊娠期間中を通して起こる微弱な子宮収縮。

プロゲステロン 妊娠中に分泌が増えるホルモン。気分や感情を左右する。

分娩監視装置 分娩時に胎児の様子を継続的に監視する電子機器。
分娩誘発 人工的に陣痛を起こし、分娩を進める方法。
母体マーカー血清検査 ホルモンやタンパクの量を調べる血液検査。結果は、脊椎披裂のような胎児の神経管の欠陥の可能性を示す。
ホルモン 内分泌腺や他の組織から分泌される化学物質。身体の代謝機能や全般的機能に影響を与える。
羊水 子宮内で、胎児を保護している液体。
羊水穿刺 ダウン症候群のような胎児の異常を発見するための検査。
卵管 排卵後、卵巣から子宮へと卵子が移動する管。
流産 妊娠28週未満（日本では22週未満）の分娩。自然流産と人工流産がある。

子産み子育て支援に関する団体及び市民自主グループ

札幌母乳育児の会
北海道札幌市北区新川4条13-7-20-207（片桐）
FAX 011-761-6186

ぽっぽうの会
秋田県秋田市寺内児桜281-4 児桜住宅1-403（遠藤）
018-846-5217

マザーズクラブつぼみ（アクアバースハウス）
東京都世田谷区若林4-17-4（加藤）
03-3795-1463

アフターの会（矢島助産院）
東京都国分寺市東元町1-40-7
042-322-5531

産前産後の集い
神奈川県横浜市都筑区南山田2-24-7-605（高橋）
045-591-9245

おっぱいサークルENSHU
静岡県浜北市横須賀395-1（馬渕）
053-585-1924

おっぱいの会（HOYA母乳育児相談室）
長野県長野市北堀847-11
026-296-0777

おっぱいくらぶ いいお産研究会
愛知県西春日井郡西春町沖村西ノ郷218（浅田）
0568-21-1974

へその会（山口助産院）
愛知県東海市横須賀町四ノ割68
0562-32-0575

つるがおへその会（滝沢助産院）
福井県敦賀市三島町2-14-17
0770-22-0928

妊娠・出産・母乳育児を考える"おっぱいの会"
大阪府枚方市山之上北町40-12（米倉）
0720-43-2809

まますくらぶ
広島県呉市焼山東1-18-1-404（長尾）
0823-34-1817

乳幼児子育てネットワークひまわり
福岡県北九州市小倉南区北方4-2-1
北九州大学恒吉研究室

私らしいお産を考える会（こもり助産院）
沖縄県宜野湾市真志喜2-11-1-203（安里）
FAX 098-892-8802

乳幼児突然死症候群家族の会（SIDS家族の会）
東京都港区元麻布2-10-8-101
03-3499-3111

日本母乳の会（母乳育児を支援する医療者と父親母親の会）
東京都中野区新井3-9-4（永山）
FAX 03-5318-7384

お産の学校運営委員会
（お産のミニ博物館展示と交流ホール提供）
東京都新宿区高田馬場1-24-8
FAX 03-3232-6570

癒しの森整体療術院マザーズクラブ
（産前産後の心と体の悩みに）
東京都世田谷区奥沢6-16-4（粕谷）
03-5707-6767

ツインキッズクラブ（双子育児サポート）
埼玉県本庄市北堀1637-5（久保田）
0495-21-3604

「ぶれる」（安産のための女性鍼灸師の会）
神奈川県横浜市中区花咲町1-1-201（辻内）
FAX 045-262-5550

ラ・レーチェ・リーグ日本
（国際母乳連盟日本支部・全国35カ所にて集い）
兵庫県三田郵便局私書箱29号・東京豊島郵便局留め
FAX 03-5976-5185

自宅出産ねっとわーく（自宅出産に関する情報交換・提供）
兵庫県芦屋市翠ヶ丘町16-16-810（古賀）
0797-32-5157

ブレイク・ママの会
（病気や障害を抱え子育てをする母親の会）
広島県呉市広駅前1-4-68-101（里中）
FAX 0823-74-1135

■この他にも、全国でさまざまな支援グループが活動しています。こういった助産院及び団体の連絡先については、日本助産婦会（東京 TEL 03-3262-9910）までお問い合わせ下さい。

■妊産婦を支援する公的機関としては、各市町村に保健センターが設置されています。連絡先は母子健康手帳に記載されています。

索引

あ
アクシデント　143
脚
　こむらがえり　43
　静脈瘤　54
アルコール　22
安全　70-85
育児休暇　152
育児協力者　122-3
医師　16, 45
痛みの軽減　45, 59, 67
一時解雇　92
遺伝性疾患　36-37
異味症　52
ヴィジュアライゼーション　45
Vタイム　153
うつ病　109
衛生　25, 84
HIV　31
栄養剤　18
会陰切開　40, 64, 106, 117
エクササイズ　77, 81
　産後の運動　140-1
　オフィスワーカー　72-3
　軽作業者　79
エックス線と安全　75
園芸業　83
エントノックス　67
塩分　42
オーペア　134
オキシトシン　66, 67, 118
「おしるし」　62
オフィスの安全　72-3
おむつ　120-1
おりもの　49

か
化学物質　70, 74
化学薬品　78, 82
家事　133
学校　76
カフェイン　13, 141
感情　35, 63
　気分の揺れ　23, 49
　倦怠感　29
　産後の感情　109
　パートナーの感情　57
　ホルモンの変化　23
感染　70, 75, 76, 82, 83, 84
漢方薬　19
絆　102-3, 108, 109
喫煙　12, 22, 80, 114
休暇
　有給休暇　93
　育児休暇　152-3
　サバティカル　152-3

父親休暇　91, 102-3
　病気による～　98-9
　扶養家族のための休暇　99
　無給休暇（参照 →出産休暇）　153
休息　12-3, 106
吸入麻酔　67
給付金、低所得者対象の　95
きょうだい　124-5
薬（参照→薬品）
靴　39
クラミジア　82
車の運転　42
経済
　法定出産手当　88
　給付金　95
　計画　14-5
　国民保険　94-5, 146
　出産給付金　88-9
　職場復帰　129
　手当　95
　年金　94
軽作業　78-9, 82-3
血液検査　30-1
血清マーカー検査　36
血友病　37
検査　30-1, 36-7
検査結果の略語　26-7
倦怠感　29
権利　88-9, 112, 149
後頸部の超音波診断　30
工場の安全　74
硬膜外麻酔　59
コーヒー　13
国民保険　94-5, 146
骨盤位　27, 56, 58
骨盤底筋運動　39
孤独　110-11
こむらがえり　43
雇用審判　147
こりと痛み　13
コンピュータ　72

さ
罪悪感　142-3
菜食主義　38
在宅ワーク　150-1
逆子　27, 56, 58
搾乳　139
サバティカル　152-3
サポートタイツ　53, 54
残業　147
産後うつ病　109
産後の検診　106
自営業　150
支援団体　112-3
歯科検診　38
子癇前症　31

子宮　66, 106, 118
子宮口　66
子宮収縮　62, 66-7
仕事復帰　97, 99, 126-55
時差ぼけ　85
姿勢　54, 71
自然分娩　40, 64
自宅出産　40, 60-1
質の時間　143
児童手当　95
住宅ローン　14-5
集中力の低下　39
絨毛採取　30
出血、流産による　24-5
出産休暇　88
　経済面の計画　14
　～に入る時期　96-7
　追加出産休暇　89
　通常出産休暇　89
　～と病気　98, 99
　～と有給休暇　93
出産給付金　88-9
出産の心理的影響　108-9
出産予定日　11, 88
出生届　95
消化不良　44, 48, 56
昇給　93
静脈瘤　53, 54
食事　13
　安全性　25, 84
　栄養剤　18
　産後の～　141
　執着、特定の食べ物への　52
　妊娠前の～　8
食中毒　25, 84
食品（参照 →食事）
助産婦　16
初乳　52, 118
シングルマザー　15, 113
陣痛（参照→子宮収縮）
水中分娩　40, 64-5
睡眠　51, 114-5
スケジュール、妊娠中の　9
頭痛　13
ストレス　10, 32-3, 70, 76, 96-7
スポーツ　76, 85
性生活　46-7, 116, 117
咳　13
脊椎披裂　36, 40
脊髄ブロック　59
セックス　46-7, 116, 117
染色体異常　30, 36-7
騒音　70, 78
争議　93, 147

た
タームタイム　153

索引

タイツ、サポート	53, 54
胎盤	23, 66-7
ダウン症候群	30, 36, 37
立ち会い出産	61, 102-3
短縮勤務制度	153
乳首	52
父親（参照 →パートナー）	
父親休暇	91, 102-3
チャイルド・マインダー	134, 136
超音波検査	24, 38, 40-1
通勤	13
運転、車の	42
送り迎え、子どもの	134-5, 138, 151
付き合い	154-5
悪阻	28, 29
帝王切開	58-9
検査結果	26-7
定期検診	
医療サービス	16-7
検査の種類	30-1
母親学級	17
福利厚生制度	90
鉄	18, 31
テンス	67
糖尿病	31
動物からの感染	82
トキソプラズマ	25, 82

な
ナニー	134, 135, 136-7
入院準備	58
尿検査	31
尿失禁	53
妊娠線	51
妊婦検診（参照→定期検診）	
年金	94
農業	82
嚢胞性線維症	36-7
乗り物酔い	84

は
バースプラン	40
パートタイム	146-7

パートナー	
感情	57
～と仕事復帰	129
父親休暇	91, 102-3
～との関係	154-5
～と保育	123, 140
梅毒	31
排卵	116
破水	62
B型肝炎	31
ビタミン剤	18
避妊法	116-7
皮膚のかゆみ	51
日焼け	85
病院	
～勤務者	75
～での出産	60
病欠	98-9
病原菌	74
貧血検査	31
風疹	25, 31
福利厚生制度	90-1
ブラジャー	29, 57, 139
ブラックストン・ヒックス収縮	62
フレキシブルな働き方	144-9
分娩	
分娩監視装置	61
痛みの軽減	45, 59, 67
医療介入	58-9
～の3段階	66-7
ペチジン	67
ベビー用品	15, 38
便秘	42, 44
保育	131, 132-8
送り迎え	134-5, 138, 151
父親による	123, 140
履歴書	136
～計画	132-3
住み込みの保育者	135, 138
～の協力者	122-3
パートタイムの仕事と～	147
費用	134
保育者探し	135
保育所	134

保育内容	136
膀胱炎	48
法定出産手当	88, 90-1, 130
法律	86-103
法律面での助言	113
母体血清マーカー検査	36
母乳	116-7, 118-9, 139
ホルモン	23

ま
麻酔	59
マッサージ	50-1
未熟児	99, 100-1
水	13, 141
ミネラル	18
無給休暇	153
むくみ	42, 62
胸やけ	34, 44, 56
無脳症	36

や
薬品	19, 22, 75
遺言書	95
葉酸	18
羊水穿刺	34, 35, 36-7
腰痛	43, 54
洋服	29, 35, 63
オフィス・スタイル	40
窮屈な衣服	71
仕事復帰	139
ブラジャー	29, 57, 139
予防接種	84-5

ら・わ
リステリア	25
リフティング	79
流産	24-5, 37
旅行	
乗り物酔い	84
飛行機	52, 85
旅行業	84-5
リラクセーション	32-3, 50-1
レストランの仕事	80
ワークシェアリング	146, 148-9

picture credits

Front cover: Mother & Baby Picture Library/Ian Hooten
2 Mother & Baby Picture Library/Sean Knox; 6–7 Mother & Baby Picture Library/Ian Hooten; 11 Mother & Baby Picture Library/Ian Hooten; 12 Mother & Baby Picture Library/Ian Hooten; 19 gettyone stone/Joe Polillio; 20–21 Mother & Baby Picture Library/Paul Mitchell; 24 Science Photo Library/BSIP Dr LR; 31 Mother & Baby Picture Library/Ian Hooten; 33 Science Photo Library/BSIP Barrelle; 36 Mother & Baby Picture Library/Paul Mitchell; 47 Mother & Baby Picture Library/Paul Mitchell; 50 Mother & Baby Picture Library/David Levine; 55 Mother & Baby Picture Library; 65 Science Photo Library/Taeke Henstra/Petit Format; 68–69 Science Photo Library/Gaillard, Jerrican; 86–87 Mother & Baby Picture Library/Ian Hooten; 101 Science Photo Library/Joseph Nettis; 102 Mother & Baby Picture Library/Ian Hooten; 104–105 Mother & Baby Picture Library/Ian Hooten; 111 Image Bank/M Regine; 124 gettyone stone/Jonathan Morgan; 126–127 gettyone stone/Tony May; 137 gettyone stone/Laurence Monneret; 141 gettyone stone/Simon McComb

産調出版の本

ベビー・ヨーガ
赤ちゃんとお母さん・お父さんが一緒に楽しむ優しいヨーガ体操

フランソワーズ・バービラ・フリードマン 著

ベビーヨーガは、泣いている赤ちゃんを落ちつかせ、疝痛を和らげ、良い睡眠を導きます。さらに赤ちゃんとの愛情の絆を深め、あなたのエネルギーも活性化します。

本体価格2,600円

産後のシェイプアップ
10週間でしまった体をとりもどす

サリー・ルイス 著

楽にできて1週間ごとに効果が実感できるチャート式プラン。段階を追って徐々に体を引き締め、スタミナをつけるエクササイズ。あなたと赤ちゃんの生活リズムにぴったりのプラン。

本体価格2,600円

妊娠と育児の百科
命のめばえから5歳まで

Dr.ペニー・スタンウェイを中心とした各分野のエキスパート7名による共同執筆／坂元正一監修

妊娠・育児で不安を感じたときにひもとけば、必ず答えが見つかる優れた百科全書。一流の執筆陣による解説と美しい図版による本書は、現在またはこれから子を持つすべての人にとっての必読書と言えます。

本体価格5,800円

マタニティ・ヨーガ
カラーイラストでわかりやすい

妊娠最初の3ヶ月間から出産後数週間までをカバーした、初のオールカラーのヨーガ・ガイドブック。

ウェンディ・ティーズディル 著

■ヨーガのベテランだけでなく初心者でもOK■あなたと赤ちゃんの幸せを促進する安全なポーズを紹介■第一線のヨーガ・インストラクターや助産婦、医師のチェック済み

本体価格2,600円

ナチュラルな出産のためのガイド
ただいま妊娠中!自然なアクティブバースで自立心と自信を育てる

ジャネット・バラスカス 著

妊娠時に起こり得る心身の一般的な疾患に対する自然志向の自助治療と共に、健康な妊娠の為の食療法、生活様式、運動などについての斬新で明確、かつ実用的なガイドブックです。

本体価格2,200円

「赤ちゃんがほしい」自然療法
赤ちゃんができにくいと思っているあなたへ

ヘレン・ケイトン 著

カップルの精神的、肉体的能力をピークにまで高め、問題のない妊娠を促す役に立つ包括的なヘルスケアのシステムを紹介。子供を作りたいと考えている人や、受胎能力を最大に高める必要のある人のための実用的ガイドブック。

本体価格2,600円

ワーキングウーマンのための出産ガイド

発　　　行 ── 2002年2月10日
本体価格 ── 2,400円
発 行 者 ── 平野　陽三
発 行 所 ── 産調出版株式会社
〒169-0074
東京都新宿区北新宿3-14-8
ご注文　TEL.03(3366)1748
　　　　FAX.03(3366)3503
問合せ　TEL.03(3363)9221
　　　　FAX.03(3366)3503
http://www.gaiajapan.co.jp

著　者 ── ヒラリー・ボイド (Hilary Boyd)

日本語版監修 ──

岡本喜代子（おかもと きよこ）
日本助産婦会事務局長。大阪府立助産婦学院等の助産婦教育機関で長く助産婦の教育に携わる。平成7年より現職。

小野川晶子（おのがわ あきこ）
杏林大学（保健学部 母子看護学 助産学教室）において助産婦の教育に携わる。現在は、日本助産婦会に所属。

翻訳者 ── 今井　由美子（いまい ゆみこ）
広島女学院英米文学科卒業。訳書に『リヴァー・フェニックス』(キネマ旬報社)、『木のヒーリング』(産調出版)ほか。

Copyright SUNCHOH SHUPPAN INC. JAPAN 2001
ISBN 4-88282-276-8 C0077
落丁本・乱丁本はお取り替えいたします。
Printed and bound in China